LA NOUVELLE GUERRE
DE SÉCESSION

DU MÊME AUTEUR

Aux éditions Fayard

Obama. Les secrets d'une victoire, 2008.

Obama face au pouvoir, 2012.

Rien n'est joué d'avance (avec Patrick Bourdet), 2014.

Wa$hington. Comment l'argent a ruiné la démocratie américaine, 2016.

Je twitte donc je suis. L'art de gouverner selon Donald Trump, 2020.

L'Affaire XYZ. Un scandale signé Talleyrand, 2023.

Aux éditions Robert Laffont

L'Affaire La Fayette, 2018.

Aux éditions Bouquins

Frères de sang, 2021.

Guillaume Debré

La nouvelle guerre de Sécession

Fayard

Couverture : Olivier Fontvieille/offgraphisme.paris

ISBN : 978-2-213-72676-2
Dépôt légal : septembre 2024

À mes trois Yankees.

Avant-propos

À l'été 2024, de passage à Charleston, en Caroline du Sud, je croise un ancien professeur d'histoire. Notre conversation tourne vite autour du passé sudiste de la ville. Il tient à me montrer l'endroit où, le 20 décembre 1860, les représentants de l'État votèrent à l'unanimité la sécession. « L'Union est dissoute », titra ce jour-là la gazette locale, le *Charleston Mercury*.

Intarissable sur le sujet, l'enseignant évoque les causes profondes de la guerre de Sécession : l'intransigeance des sudistes ; la radicalisation des abolitionnistes du Nord ; la fragmentation de la société de l'époque.

Puis, faisant référence à la situation politique actuelle, il ne peut s'empêcher de dresser un parallèle. « Vu l'état de notre gouvernement, n'allez surtout pas croire qu'une nouvelle sécession ne puisse pas éclater aujourd'hui ! », déclare-t-il.

Quelques jours plus tard, le 22 juillet 2024, le sénateur républicain de l'Ohio George Lang lui fait écho.

Lors d'un meeting, l'élu exprime ses craintes. En cas de défaite de Donald Trump, dit-il, « il faudra une guerre civile pour sauver le pays »…

Introduction

À l'automne 2018, Donald Trump règne sur l'Amérique. Le pays s'entredéchire. Récemment retraités, David et Lonnie Pavesi, mes beaux-parents, nous rendent visite.

Ils sont accueillis par mes deux filles alors âgées de 6 et 8 ans. En se bouchant le nez pour montrer leur dégoût, Margaux et Vivienne se mettent à invectiver le président de l'époque : « Trump est nul ! », « Trump n'aime pas les femmes ! », « Trump n'aime pas les Noirs ! » La scène n'est pas du goût des grands-parents. Le séjour se déroule péniblement.

Quelques jours après leur départ, Stacey, mon épouse, se trouve prise à partie par notre fille aînée. Visiblement très remontée, Vivienne accuse sa mère de lui avoir caché la vérité : « Maman, tu m'as menti. Tu m'as dit que Trump était mauvais, c'est faux ! lui lance-t-elle en anglais. *He is nice. And he is Making America Good Again !* »

Abasourdie, Stacey n'en revient pas. Dans notre dos, ses propres parents avaient tenté d'embrigader nos filles !

* * *

David et Lonnie Pavesi sont des Américains ordinaires. Rien ne singularise ces deux septuagénaires, à part avoir donné naissance à mon épouse. Sans être leur seule qualité, c'est leur plus grand mérite !

Fils d'un syndicaliste du Midwest d'origine italienne, David a grandi dans une famille catholique de gauche. Enrôlé dans l'US Air Force pendant la guerre du Vietnam, il rencontre Lonnie, une jeune Taïwanaise, qu'il ramène dans son Ohio natal. David devient postier. Lonnie élève leur fille.

La rudesse des hivers des Grands Lacs les pousse vers la Californie. Inscrit aux cours du soir, David décroche un diplôme universitaire. Il devient expert-comptable. Installe sa famille dans une banlieue cossue de San Francisco. S'offre une maison avec garage. Et un break AMC. Les Pavesi s'endettent, tout en se croyant riches.

La crise des années 1980 ébrèche leurs rêves. David goûte au chômage. Lonnie doit chercher un emploi. Ils s'endurcissent. Trouvent refuge dans la religion. Le siècle change. David s'expatrie. Lonnie reste seule. Leur couple tient, malgré tout.

Boomers devenus *Born Again*, consuméristes et conservateurs à la fois, les Pavesi s'affirment républicains mais n'osent l'afficher en public. Obnubilés par leur statut social, ils jouent les riches quand ils n'ont pas le sou. Roulent en Mercedes… achetée à crédit. Comme des millions d'Américains, les Pavesi appartiennent à la petite classe moyenne, celle du labeur et des valeurs. Conservateurs par choix, réactionnaires par peur.

Aujourd'hui à la retraite, les Pavesi sont en colère. Maltraités par Washington, méprisés par Wall Street, persuadés que le gouvernement conspire contre eux, ils se sentent les oubliés d'un système politique qui leur a tourné le dos.

En 2016, mes beaux-parents accueillent Trump à bras ouverts. En une seule éructation, il a validé leurs craintes et obtenu leur voix. Bâillonnés par le politiquement correct, la *cancel culture* et le *wokisme*, ils ont vu en lui l'antihéros d'un *establishment* qu'ils honnissent. Agissant comme un antidépresseur, Trump a restauré la fierté de ce couple d'Américains consternés par le ramollissement de leur pays. Avec lui, les Pavesi ont obtenu leur revanche. Ils peuvent enfin hurler leur rancœur.

Mécaniquement, les relations avec leur fille se sont tendues. Diplômée d'une grande université de la côte Est, féministe affichée et progressiste assumée, Stacey est en tout point leur contraire. Elle croit en l'égalité des chances, soutient la discrimination positive et rêve d'une Amérique multicolore. Ses parents lui reprochent – parfois avec raison – sa bonne de conscience de gauche, son égalitarisme de façade et son intellectualisme un brin méprisant. Son mariage à un Français n'a rien arrangé !

Depuis quelques années, les Pavesi se divisent. Les discussions tournent au pugilat. Soit on se tait, soit on s'engueule. La tension est permanente. De l'éducation des enfants au port du masque pendant la pandémie, tout devient politique.

Certes, la rupture précède l'élection de Donald Trump. Mais l'ancien président a durci les positions de chacun. Avant, le désaccord se partageait en silence. Désormais, il s'exprime avec violence. Prises dans le barrage des tirs croisés, nos deux filles, Vivienne et Margaux, aujourd'hui âgées de 14 et 12 ans. Victimes collatérales de cette déchirure politique.

À l'image de l'Amérique, les Pavesi sont dans un état de désunion avancée. En 2021, le magazine *Time* a même chroniqué leurs querelles familiales dans un long article sur la fracturation du pays[1]. Mais je ne serais pas revenu sur ces tribulations sans un événement qui a changé le cours des choses.

Après la victoire de Joe Biden en 2020, David et Lonnie ont tout plaqué ! En quelques semaines, ils ont plié bagage. Finie la Californie, ce bastion du progressisme, cet État démocrate dans lequel ils vivaient depuis quarante ans. Direction : la Floride.

À 70 ans passés, mes beaux-parents ont fait leurs cartons, vendu leur maison et parcouru quatre mille kilomètres pour s'installer dans cet État conservateur. Leurs deux SUV parqués dans le garage, les cinquante étoiles accrochées à la façade, leur vie nouvelle a démarré. Leur quotidien se partage entre la piscine et l'église. Les Pavesi nagent dans le bonheur. Leurs voisins sont tous républicains ! Quand leur ami Chuck leur rend visite, il parcourt 700 mètres en voiture, un Glock 9 mm accroché à son short. Parce que c'est son droit.

Les Pavesi ont quitté un comté qui a voté à 72 % pour Joe Biden en 2020, pour s'installer dans un comté qui n'avait plus voté démocrate depuis soixante-douze ans. Le changement de vie des Pavesi ressemble à une déclaration politique ; et si leur volonté de s'installer au milieu de leurs semblables était une forme de sécession* ?

Cette interrogation est à l'origine de ce livre.

* * *

Les États-Unis souffrent d'une inflammation politique aiguë. Est-ce viral ou infectieux ? La gangrène gagne-t-elle ? Le diagnostic reste incertain.

Washington, siège de la démocratie fédérale, symbolise ce dévoiement. Les lois n'y sont plus promulguées. Les débats tournent à la foire d'empoigne. Fin mai 2024, le Congrès n'a voté que 64 lois en dix-huit mois ! Cinq fois moins que chacune des quatre mandatures précédentes[2].

Entre démagogie, incompétence et corruption, la classe politique se décrédibilise. Face à la puissance de

* Sécession est entendue comme toute action par laquelle tout ou partie d'une population se sépare de l'ensemble de la collectivité en vue de former une entité distincte ou de se réunir à une autre.

l'argent, les élus se vendent aux plus offrants. Au lieu de légiférer ils passent leur temps à quémander. Pour se faire réélire, un *congressman* doit lever en moyenne quatre mille dollars… par jour!

Aux élections de mi-mandat de 2022, tous les candidats – démocrates et républicains réunis – ont dépensé près de 9 milliards de dollars. Un record. Le précédent datait de 2018, il n'était « que » de 7 milliards[3]. En Géorgie, les candidats à l'élection sénatoriale ont lâché 406 millions de dollars pour convaincre moins de 3,5 millions d'électeurs. Faites le calcul : cela revient à 116 dollars la voix! Qui a dit que la démocratie américaine n'était pas à vendre?

Obnubilés par l'argent, les candidats sont atteints de boulimie. Le système marche sur la tête. Sous les coups de boutoir, la démocratie américaine se déprave. À droite comme à gauche, on la conteste. Par principe autant que par convenance. « *Not my President!* » hurlent les opposants à Trump en 2016. « *Élection volée!* » répondent les adversaires de Biden en 2020.

Les institutions se détraquent. Deux des quatre derniers présidents ont été élus avec moins de voix que leur adversaire. Deux des cinq derniers présidents ont subi une procédure d'*impeachment**. L'un d'eux a été inculpé pour sédition et reconnu coupable de

* Un *impeachment* est l'équivalent d'une procédure de destitution. Il est prévu dans la Constitution américaine.

falsification de documents ! Une première dans l'histoire. Chaque mandature apporte son lot d'incohérences.

Même la Constitution est contestée. Plus personne ne s'accommode de ce texte bancal rédigé il y a deux siècles et demi. Et pourtant, quand il faut l'amender, tout le monde s'y oppose.

À mesure que les dissensions augmentent, la parole politique s'hystérise. L'invective devient un mode d'expression. On s'insulte. On provoque. « Menteur », hurle une élue trumpiste au visage de Joe Biden en pleine séance du Congrès. « *Motherfucker* », reprend une *congresswoman* démocrate à l'adresse de Donald Trump*. L'état incandescent du débat public consume le processus démocratique.

Personne n'a intérêt à l'apaisement. Après tout, 158 millions d'Américains ont voté aux dernières présidentielles. Un record ! Alors pourquoi s'arrêter ? La polarisation excite la base. Il faut fanatiser pour appâter. Ce pacte faustien accélère la descente aux enfers.

Entre la gauche puritaine et la droite populiste, pris en étau, les partisans de la modération s'épuisent. Les inégalités, la paupérisation et les dislocations

*. La *congresswoman* républicaine de Géorgie, Marjorie Taylor Greene, a qualifié Joe Biden de « *liar* » le 7 février 2023 ; la *congresswoman* démocrate du Michigan, Rashida Tlaib, a qualifié Donald Trump de « *motherfucker* » le 4 janvier 2019.

sociales ont siphonné le centre politique. À mesure que la classe moyenne se rétrécit, l'Amérique du milieu s'évapore.

La violence s'installe. Fusillades, ratonnades ou vengeances, elles ont tué 53 personnes depuis 2021. Le 13 juillet 2024, en plein meeting, Donald Trump a évité la mort de justesse, après avoir été visé par un tir de sniper. Depuis les années 1960, le pays n'avait jamais connu une telle tension.

Quand la vérité est fongible, la spirale de l'outrance devient inarrêtable. Le consensus n'existe plus. Le compromis est impossible.

Bien sûr, l'Amérique n'est pas la seule démocratie occidentale à être confrontée à la radicalisation politique. On le voit bien en France. Parce qu'ils sont un pays libéral, parce que l'ingénierie sociale s'y élabore plus rapidement, les États-Unis tendent aux autres pays un miroir dans lequel se reflète un avenir possible.

* * *

Lorsque je demande à mon beau-père s'il fréquente des démocrates, il lève les yeux au ciel, comme si la question n'avait aucun sens. Dans l'entourage de Stacey, à l'inverse, aucun républicain à l'horizon. Il y a quelques mois, une de ses anciennes collègues nous a rendu visite. Cette New-Yorkaise songe à s'installer dans le sud du pays. Elle admet regarder la couleur politique des destinations possibles. « Hors de question de vivre entourée de républicains », nous avoue-t-elle.

Les Américains vivaient côte à côte. Ils se retrouvent désormais dos à dos. Progressistes contre conservateurs. *Bobos* contre *rednecks*. Urbains contre ruraux. *Wokistes* contre créationnistes. Cols blancs contre cols bleus. Élites contre déclassés.

À la séparation idéologique s'est rajoutée une ségrégation géographique. Démocrates et républicains ne se mélangent plus. Chacun de leur côté, ils ne se fréquentent plus. Pire, ils se rassemblent entre eux. L'Amérique vit à l'heure du « grand regroupement ». Et c'est bien là le danger. Cette double concentration ankylose le processus démocratique.

Les lignes de fractures se superposent. Elles convergent. Se renforcent. Les différences idéologiques se calquent sur l'affiliation partisane pour ne plus en former qu'une. L'identité politique définit les Américains. Le mouvement est profond.

Les postures idéologiques ont fracturé l'espace public. Les combats politiques se réduisent à l'affrontement entre conservateurs et progressistes. Phagocytés par les extrêmes, les partis ont radicalisé leurs offres électorales. Le risque est immense…

Imaginant l'avenir, quelques esprits éclairés avaient compris les dangers de cette dérive. Dans les années 1950, Richard Nixon, alors vice-président, alerte sur la polarisation politique : « Cela serait une grande tragédie si la division entre nos deux partis politiques se résumait à une confrontation entre conservateurs et progressistes… l'un des attributs de notre système politique est d'avoir généralement évité des mouvements brusques d'un extrême à l'autre. Et la raison est que les deux partis rassemblent un large spectre d'opinions[4]. »

C'est pourtant ce qui s'est produit. Le compromis est devenu un gros mot. Partout, on cherche le conflit. Le combat. L'opposition. Chacun s'en persuade : l'autre camp représente une menace. Son mode de vie, ses convictions et ses croyances dévoient l'esprit américain. Le malentendu dépasse la politique. Il est devenu total. Global.

Et si ce « grand regroupement » était une forme de protestation ? Et si l'Amérique tout entière vivait une nouvelle guerre de Sécession ? Une sécession civique.

C'est la thèse de ce livre.

Première partie

L'Amérique déchirée

Chapitre 1
Un drapeau en lambeaux

Quand elle vient me chercher à l'aéroport, Stacey paraît soucieuse. L'ambiance avec ses parents est électrique. Notre séjour s'annonce tendu.

Pour calmer les ardeurs, mon épouse supplie autant qu'elle ordonne. Son ton martial ne laisse aucune place au doute : elle m'interdit de prononcer le mot « Trump ». En mari docile, je m'exécute. Autour de la table, les sujets défilent : nos filles, les cousins, la maison, la météo… La conversation tourne en rond.

À court d'idées, je prends des nouvelles des équipes de sport locales. Mes intentions, croyez-le, étaient innocentes. David accueille ma question avec un long silence. Ses yeux rivés sur son assiette, d'un air méprisant, il s'exclame : « J'en sais rien… Je ne m'intéresse plus au sport ! » La réplique laisse apparaître une envie d'en découdre. Le regard de Stacey croise le mien. Son visage se tend. J'ose un pourquoi. « Parce qu'ILS ont manqué de respect au drapeau », me répond David en accentuant volontairement le « ILS ».

Stacey n'en revient pas. Son père, cet homme discret aux manières effacées, toujours prompt à éviter les questions qui fâchent, dépose sur la table un sujet inflammable. L'allusion est à peine voilée. « ILS » fait référence aux athlètes afro-américains. Quelques mois plus tôt, plusieurs joueurs noirs de la NFL, la ligue de football américain, mettent un genou à terre pendant l'hymne national. À chaque début de match, au moment où la bannière étoilée s'élève, ils répètent leur geste pour protester contre les violences policières. « Je ne vais pas me lever pour montrer ma fierté devant le drapeau d'un pays qui opprime les Noirs et les gens de couleur », explique la star de l'équipe des 49ers de San Francisco, Colin Kaepernick.

La controverse enflamme l'Amérique. La bannière étoilée devient un sujet de division. Loin de calmer les esprits, Donald Trump s'empare de la polémique. Comme chaque fois, il lance un baril de kérosène dans le débat national. La combustion est immédiate. Trump accuse ces sportifs noirs de trahison. « Quand un joueur manque de respect au drapeau, hurle-t-il lors d'un meeting dans l'Alabama, n'aimeriez-vous pas qu'un des propriétaires de la NFL dise : "Sortez ce fils de pute du terrain tout de suite ! Dehors, il est viré ! Viré !" » Comme s'il cherchait à hystériser le sujet, Trump en rajoute. Si les sportifs veulent « gagner des millions de dollars dans la NFL », écrit-il sur le réseau X, ils ne doivent pas « manquer de respect à notre Grand Drapeau Américain (ou à notre Pays) et doivent se lever pour l'Hymne National ». Sinon, continue-t-il, « VOUS ÊTES VIRÉS ! ».

Devant sa fille médusée, David reprend mot pour mot l'argumentaire de Trump « ILS ont montré leur mépris pour l'Amérique », continue-t-il en évitant soigneusement de définir ce « ILS » qu'il répète à plusieurs reprises. Selon lui, le drapeau est un symbole sacré qu'on salue et qu'on ne questionne pas. Ceux qui osent sont suspects.

La discussion est vaine. Stacey le sait. Elle choisit de se taire.

La bannière étoilée, source de division

Dans cette Amérique fracturée, l'insidieux s'est glissé au milieu des cinquante étoiles. Comme un virus, la fureur politique a contaminé le drapeau. Longtemps une source de fierté, cette bannière laisse aujourd'hui un arrière-goût amer.

Il n'y a encore pas si longtemps, afficher les couleurs unissait le pays. Du Midwest aux côtes californiennes, elles flottaient au milieu des villages, sur les façades des maisons ou le fronton des bureaux de poste. Démocrates ou républicains les hissaient avec respect. On les saluait en passant.

Depuis quelques années, le drapeau fleurit ailleurs. De manière plus ostentatoire. Parfois un peu crasse. On le voit à l'arrière des pick-up, autocollé sur les pare-brise ou floqué sur des T-shirts à l'effigie de Donald Trump. Derrière la ferveur apparente transpire la revendication. La bannière étoilée se lit maintenant comme une déclaration politique. Elle provoque des sentiments ambivalents.

Fin septembre 2022, en feuilletant le journal local de Detroit, je tombe sur ce témoignage d'une Américaine anonyme qui confesse son malaise : « Nous habitons depuis trente ans à côté d'un charmant voisin, écrit-elle dans le courrier des lecteurs. Charles est aimable, accommodant et nous l'aimons vraiment. Ses opinions politiques sont à 180 degrés des nôtres. Jusque-là, ce n'était pas un problème, ayant plein d'autres sujets de conversation (jardinage, famille, etc.)[1]. » Mais, il y a quelques jours, raconte-t-elle, leur voisin a « accroché un gigantesque drapeau » dans son jardin. Ce signe de son attachement à Donald Trump, écrit-elle, « [la] met en colère et [lui] rappelle les sombres divisions de [son] pays ». Puis elle ajoute : « Mon mari et moi ne voulons pas perdre l'amitié de Charles ou perdre les bonnes relations que nous avons avec lui. » Mais la vue de ce drapeau les offense.

Cette histoire de voisinage résonne à travers le pays. Dans les témoignages publiés par la presse américaine, s'étale le désarroi des citoyens face aux effusions patriotiques trop prononcées. Quand la famille Davis décide d'honorer l'histoire américaine en plantant 200 drapeaux le long de la route 285 dans le Colorado, des résidents écrivent au journal local pour se plaindre. La symbolique patriotique si ouvertement affichée dérange. Certains s'en prennent aux drapeaux. Plusieurs sont déchirés. D'autres sont retrouvés accrochés aux barbelés. Impensable quelques années plus tôt.

Déboussolés, certains habitants s'épanchent dans les pages de l'*Ark Valley Voice* : « Pour moi qui suis une personne neutre, ces drapeaux sont perturbants[2] », écrit un lecteur. Un autre ajoute qu'en découvrant ces rangées de drapeaux il s'est « senti mal à l'aise ». Pour lui, les auteurs veulent envoyer un message aux émigrés et aux gens de couleur. « Ils leur disent : "Nous sommes les vrais Américains – et pas vous !" », écrit-il. Devant l'ampleur des réactions, le journal décide de publier les lettres. « Certains lecteurs nous ont contactés pour exprimer leur inquiétude que notre drapeau national devienne un moyen d'intimidation », conclut la gazette.

Prise à partie, la famille doit se justifier. En plantant ces drapeaux, répond-elle, « nous voulions simplement montrer notre attachement à notre pays, notre reconnaissance pour ceux qui ont sacrifié leur vie pour que nous puissions profiter de notre liberté ».

Voisins contre voisins. Amis contre amis. Communautés contre communautés. Si le drapeau rassemble encore, il déclenche aussi la suspicion. Dans le Delaware, un résident écope d'une amende de 50 dollars pour avoir hissé un drapeau américain d'un mètre sur trois. Les règles du quartier sont strictes. Il est interdit de pavoiser sa maison d'un drapeau de plus d'un mètre sur deux ! Dans la ville, l'histoire divise. Les médias s'en mêlent. Devant les caméras, le propriétaire exprime son étonnement. « Le drapeau ne devrait pas être un sujet de division. Il doit rassembler les gens[3]. »

Afficher les couleurs devient une source de tension. Comme si la bannière étoilée dissimulait un sens caché. En Caroline du Nord, à une demi-heure de la ville de Charlotte, un promoteur immobilier construit quarante-deux maisons. Prix unitaire : un demi-million de dollars. Un drapeau est fourni avec l'achat. Seule obligation : le faire flotter toute l'année sur la façade des maisons ! L'option est non négociable[4]. Le promoteur se défend de tout zèle nationaliste. Il affirme vouloir seulement promouvoir les « valeurs patriotiques ».

En Virginie, c'est un lycéen qui se voit interdire de garer son pick-up sur le parking de l'établissement scolaire. Son tort : il a ancré deux énormes drapeaux américains à l'arrière de sa voiture. Une infraction au règlement interne. La controverse fait la une des télévisions locales. Furieux, les parents retirent leur fils de l'école[5].

Afficher les couleurs, c'est prendre le risque d'être perçu comme un conservateur, un nationaliste blanc ou un trumpiste. Certains l'acceptent. D'autres le craignent.

De peur d'être catalogués, certains Américains n'osent plus sortir leur drapeau. Ancien officier de l'armée de terre, Robert Fabich laisse son drapeau rangé dans un tiroir. En juin 2024, il prend la plume pour crier son désarroi dans les colonnes du journal local de l'Oklahoma. « Je ne ferai pas flotter le drapeau, écrit-il. Je ne suis pas antiaméricain et je ne manque pas de patriotisme. Non, je ne le ferai pas flotter, parce que je veux le protéger d'une mauvaise interprétation qui découle de la division politique de ce pays... Tristement, le symbole le plus important de notre pays a été détourné pour devenir un objet qui divise notre grande nation au lieu de nous unir[6]. »

Expression d'un antagonisme ou attachement à la nation, revendication effrontée ou effusion patriotique, l'incertitude règne sur les sentiments qui animent ceux qui affichent leur chauvinisme.

Pour cette Américaine qui témoigne dans un journal du New Jersey, le drapeau est « devenu source de controverses » et le signe de ralliement des supporters de Trump. On le voit, écrit-elle, « flotter avec défiance à l'arrière des pick-up et se dresser en l'air comme le doigt du milieu[7] ».

Signe de la tension, les grands quotidiens américains tentent d'appréhender le phénomène. Les couleurs nationales sont devenues « un indice, certes imparfait, de l'affiliation politique d'une personne dans une nation profondément divisée », écrit le *New York Times*[8].

Dans les colonnes du *Los Angeles Times*, l'éditorialiste Jean Guerrero exprime son ambivalence en confessant que le « drapeau est devenu l'expression belligérante du patriotisme ». Il « ne devrait pas appartenir aux fascistes, qui ne comprennent pas notre force. [Il] doit appartenir à ceux qui portent le poids de leur pays sur leurs épaules[9] », écrit-elle.

La tribune délie les langues. « J'ai arrêté de faire flotter un drapeau car je ne veux pas que les gens pensent que je soutiens le nationalisme blanc », écrit une habitante de Santa Barbara. « Être une patriote, ce n'est pas agiter un drapeau, c'est avoir le droit de critiquer et protester quand mon pays s'égare. Et il s'est assurément égaré », continue une résidente de Los Angeles[10].

Ces querelles révèlent une Amérique épuisée, qui manque de force pour préserver l'unité nationale. Traversé par des turbulences idéologiques, culturelles et sociétales, l'édifice semble céder sous la pression constante des anti.

L'Amérique perd ses repères. Le drapeau n'exprime plus un ensemble de valeurs partagées, un projet commun. Le pacte national s'essouffle. Le compas s'affole. Il faut redéfinir l'unité du pays. La digérer quitte à initier une névrose collective.

En mai 2024, les partisans de Trump ressortent le drapeau, mais cette fois pour hurler leur inquiétude. Au lendemain du verdict qui condamne l'ancien président pénalement, les trumpistes se rassemblent en brandissant une bannière étoilée… à l'envers. Symbole des marins en détresse. Le pays est en danger, hurlent-ils. Il va sombrer. C'est une question de temps[11] !

Le sens donné au drapeau se retrouve perverti. Pris en otage par des promoteurs identitaires. Au lieu de célébrer des valeurs communes, il exprime le refus de la diversité. Un « lève-toi et salue ! ».

Le rapport au drapeau pose une question centrale : cette nation-continent, cette démocratie multiethnique peut-elle encore rester unie ?

Des étoiles qui pâlissent

Investi d'une puissance symbolique, un drapeau sert à entretenir le sentiment d'appartenance. Il renforce le processus d'encodage social, objective l'affirmation identitaire et accélère la production d'un narratif commun. Encore faut-il qu'il rassemble !

Brandie par les Yankees sur les plaines de Gettysburg, plantée par les marines à Iwo Jima ou flottant sur les ruines du World Trade Center, la bannière étoilée a filé la narration patriotique sur lequel s'est tissé le grand récit national. Elle affirme avec force l'unité d'une Amérique qui s'est construite par la sécession… puis contre elle !

Dès sa conception, le drapeau américain est devenu un objet politique. Quand la couturière Betsy Ross tisse la première bannière en 1777, elle l'imagine comme une rebuffade à l'Union Jack britannique. « Treize rayures rouges et blanches en alternance » avec « treize étoiles blanches sur un champ bleu, comme une constellation », selon l'acte officiel.

La couleur rouge pour le courage. Le blanc pour la pureté. Le bleu pour la loyauté. Treize rayures, comme le nombre de colonies qui veulent s'émanciper. À l'époque, les États-Unis ne sont encore qu'une chimère, un rêve d'avenir partagé. Imaginé par une poignée d'esprits éclairés, le drapeau symbolise l'indépendance et l'unité des États d'Amérique.

Souvent instrumentalisée, la bannière étoilée avait jusqu'à aujourd'hui réussi à transcender les clivages. Grâce au refus de la Cour suprême de l'entacher d'une connotation partisane. En pleine Seconde Guerre mondiale, dans un arrêté resté célèbre, les neuf juges fédéraux réaffirment un principe : pour que le salut au drapeau soit un acte patriotique, il faut qu'il soit un acte libre ! Forcer un citoyen à saluer est une violation de la liberté d'expression. Ce dogme fonde l'esprit américain.

Quand certains opposants à la guerre du Vietnam y mettent le feu, la Cour suprême leur donne raison. Parce qu'il est l'expression d'une opinion politique, l'acte d'incendier un drapeau est protégé par le premier amendement de la Constitution.

Quand le Congrès américain fait de sa profanation un crime fédéral, la Cour suprême, une nouvelle fois, invalide la loi. L'intérêt du gouvernement à protéger le symbole national n'est pas supérieur au droit de chacun à exprimer une opinion politique.

Depuis trente ans, le Congrès tente de donner une valeur constitutionnelle au drapeau. Chaque fois, le vote échoue. À six reprises, l'amendement passe à la Chambre mais est rejeté au Sénat... à une voix près en 2006[12]. Si le drapeau reste sacré dans l'esprit des Américains, il ne l'est pas dans la Constitution ! Cette posture libérale a longtemps conféré au pays une force symbolique. Elle est devenue sa faiblesse.

Cinquante nuances de blanc...

Depuis une dizaine d'années, un amalgame étrange, subrepticement instillé, travestit le sens du drapeau.

Dans les yeux de certains, il est devenu l'affirmation d'une fierté nationaliste, le substrat de l'identification à un mouvement extrémiste blanc. Chez d'autres, il provoque un rejet tout aussi insidieux. Une partie de la gauche extrême, certes minoritaire, mais dont les décibels amplifient l'importance, ne s'identifie plus au symbole.

Signe de la crispation, certains radicaux se sentent libres d'en contester le sens. Les couleurs nationales seraient devenues obsolètes. Elles n'évoqueraient plus l'esprit de liberté, mais la discrimination raciale.

En juin 2021, la chanteuse afro-américaine Macy Gray, plusieurs fois nominée aux *Grammy Awards*, rédige une tribune qui électrise un peu plus le débat[13]. Pour elle, le drapeau américain symbolise l'oppression des Noirs et l'emprise des Blancs sur le destin national. Les couleurs, expression du pouvoir de certains sur d'autres, reflètent la corruption d'un système politique qu'elle juge « raciste ».

« Le drapeau américain a été kidnappé. Il est devenu un code pour une croyance particulière, écrit-elle. Comme le drapeau confédéré, il est en lambeaux, démodé, source de division et incorrect. Il ne représente plus la démocratie ni la liberté. Il ne nous représente plus nous TOUS. Il est injuste de nous forcer à l'honorer. » Les mots résonnent dans une Amérique fracturée. Ils enhardissent les opposants. Choquent les autres.

Macy Gray va plus loin. Elle suggère de redessiner le drapeau, en commençant par changer ses couleurs. Beaucoup trop blanc à son goût ! « Et si les rayures étaient blanc cassé ? écrit-elle. Et si les étoiles étaient le reflet de TOUTES nos couleurs de peau – de la vôtre comme de la mienne. Et si elles portaient les couleurs de nos différents types de peau ? »

Il n'y a pas si longtemps, cette proposition aurait été jugée inconvenante. Elle n'aurait trouvé aucun écho dans la société américaine. Et pourtant… Signe de la profonde division idéologique, le *New York Times* demande à plusieurs artistes de recréer le drapeau national – comme s'il pouvait être déconstruit – pour y inclure « les notions de déclin et de division[14] » : « Le drapeau américain a longtemps été un symbole d'unité. Son rouge, blanc et bleu appartenait à tout le monde, écrivent trois designers qui se sont prêtés au jeu. Mais aujourd'hui, le rouge et le bleu sont les marqueurs de deux tribus et le drapeau semble représenter deux factions forcées de partager un bout de tissu. »

L'initiative déchaîne les passions. « Complètement stupide », « ridicule », « pathétique ». « Le journal s'est vraiment surpassé cette fois ! » Une partie des lecteurs réagissent en vitupérant.

Cette surenchère reflète l'urgence. Un sentiment de déliquescence se répand dans la société. La contestation des valeurs d'inclusion portées par le drapeau contamine toutes les strates sociales. Jusqu'aux conseils d'administration des plus grands groupes internationaux.

Quand le patron d'une grande entreprise française basée à New York demande à sa directrice de cabinet d'ajouter un drapeau américain sur la présentation qu'il doit remettre au conseil d'administration, elle lui jette un regard incrédule. « Vous ne pouvez pas faire ça », lui répond-elle. Pour cette New-Yorkaise, blanche et éduquée à Yale et à Harvard, afficher les couleurs nationales serait une prise de risque. « Le drapeau est devenu un marqueur du trumpisme », explique-t-elle au patron français ahuri.

Dans cet environnement politiquement surchargé, les Américains semblent avoir perdu leur boussole. Le drapeau fait l'objet d'un amalgame. Bien sûr, la bannière étoilée évoque toujours chez certains une fierté, certes non définie, mais qui se suffit à elle-même. Celle d'être américain.

En juillet 2023, nos filles assistent à leur premier rodéo. Assises sur les gradins d'une arène de la petite ville de Turlock, au centre de la Californie rurale, elles découvrent la culture cowboy. Soudain surgit une cavalière, une bannière étoilée à la main. Une voix retentit : « Mesdames et messieurs, je vous présente le meilleur drapeau au monde. Le seul et unique qui flotte librement au-dessus de la seule nation réellement libre sur terre… » Dans les gradins, la main droite sur le cœur, plusieurs centaines d'Américains entonnent l'hymne national.

Le Stetson bien calé, l'organisateur bénit le rodéo qui va débuter. Il n'est ni prêtre ni pasteur. Et pourtant, le micro à la main, il perpétue cette tradition de la bénédiction patriotique : « Nous prions pour la sécurité, la protection, la sagesse et l'honneur. Nous prions au nom de Jésus. Amen. » À la droite de Vivienne et Margaux, un vieux rancher, jean et santiags aux pieds, admire le spectacle. Affable, il se tourne vers nous pour expliquer l'évidence : « Vous voyez, ça, c'est l'Amérique, la vraie ! », insinuant que l'autre Amérique travestit les valeurs nationales. Quand je lui fais remarquer que nous sommes à quelques heures de route de San Francisco et de la Silicon Valley, il ne peut dissimuler un air dubitatif : « Ils sont tous devenus fous là-bas. Ils ne croient plus en rien. »

Sur leur monture, les cowboys attrapent les bouvillons au lasso. Les broncos se cabrent. Le public applaudit. À la pause, le speaker s'empare du micro et lance une question au public : « Savez-vous quel est le seul homme qui peut restaurer la paix dans le monde ? » Puis il reprend en hurlant : « Trump en 2024 ! »

Dans les gradins, le poing levé en signe de soutien, les spectateurs scandent à l'unisson : « USA! USA! » Même le rodéo s'est politisé.

À nos côtés, notre voisin grimace. Si l'Amérique des cowboys a toujours été un bastion conservateur, ce mélange des genres le gêne. Il ne s'en cache pas, il a voté pour Trump. Deux fois. Mais cette saillie électorale au milieu d'un rodéo ne lui plaît pas.

« On n'aurait jamais vu ça il y a vingt ans, confesse-t-il. Le pays est en train de perdre la boule. Tout devient politique. »

L'exceptionnalisme américain remis en cause

Longtemps l'adhésion au pacte national s'est articulée autour d'une triple promesse : celle d'une prospérité partagée, d'une fierté assurée et d'une puissance respectée.

Ce patriotisme assumé, nourri d'un manichéisme moralisateur, réunissait l'Amérique autour d'un projet commun. Il s'affirmait dans l'idée que la génération suivante serait mieux lotie que la précédente. Cette promesse se vivait au quotidien. L'inconnu n'était pas l'étranger. Le voisin prenait soin de vous. Qu'importe son opinion politique. La certitude de recevoir plus qu'on ne donnait suffisait. On ne réclamait rien. Cette bienveillance instinctive, associée à un optimisme de raison, produisait assez de sens politique pour maintenir l'unité.

Bien sûr, le sentiment n'empêchait pas les humeurs racistes et les relents xénophobes. Le privilège blanc, péché originel de cette nation pionnière, s'étalait dans une Amérique arrogante et sûre d'elle. Les racines puritaines renforçaient l'illusion de l'exceptionnalisme américain.

En quelques décennies, cette confiance – en soi et dans les autres – s'est effilochée. Comme si les déceptions successives avaient ébréché la promesse d'un avenir partagé. Affaiblie par l'accélération de la mondialisation, brutalisée par l'accroissement des inégalités et l'affaissement de l'État providence, la classe moyenne s'est renfermée sur elle-même. Longtemps le ciment de la démocratie américaine, la société civile a déserté l'espace public pour se retrancher dans la sphère privée. Un peu déboussolée, elle s'est barricadée, laissant les promoteurs identitaires s'emparer du débat public jusqu'à le prendre en otage. Les réseaux sociaux ont fait le reste. En fractionnant le lien social, en pulvérisant l'espace public, ils ont libéré la parole politique. Pour le meilleur… et surtout pour le pire !

Devant l'apathie sociale et politique, les radicaux sont passés à l'action. Pour mobiliser l'électorat, ils ont hystérisé les débats. Agité la menace. Instillé le doute et l'inquiétude. En diabolisant l'adversaire. En hurlant à la fin de l'Amérique.

Grâce aux réseaux sociaux, nouvelle arme de radicalisation massive, les extrêmes ont essentialisé l'enjeu électoral. En réactivant les questions de société, ils ont volontairement attisé les divisions. L'avortement, le mariage gay, le *wokisme*, l'identité non genrée, la *cancel culture*… Autant de grenades à fragmentation lancées dans cette agora devenue digitale.

En centrant le débat électoral là où le consensus est impossible, là où le compromis est introuvable, la classe politique l'a volontairement radicalisé. Par ricochet, le fossé entre les positions républicaines et démocrates s'est élargi. L'opposition est devenue frontale. La rationalité a disparu. La modération aussi. Dans les deux camps, elle est devenue l'ennemie.

Ce cercle vicieux n'a pas fleuri par hasard.

Chapitre 2
Un divorce national

Sur la boucle WhatsApp des Pavesi, le message est cinglant : « Je te l'ai déjà dit, David, laisse la politique et la religion hors de nos discussions familiales », écrit Margaret, la tante de Stacey.

Ce matin de juin 2023, la septuagénaire prend une décision qui la fait souffrir encore aujourd'hui. Excédée par le prosélytisme de son frère, elle attrape son téléphone, puis d'un mouvement sec appuie sur « quitter le groupe ».

Margaret n'a pas parlé à son frère depuis. « Je n'en peux plus, me confie-t-elle. On ne peut plus avoir de conversation sans qu'il ramène tout à la politique. C'est devenu insupportable[1]. » Quelques jours plus tard, leur petit frère, Joe Pavesi, quitte lui aussi le WhatsApp familial.

Démocrate assumée, Margaret accuse Trump d'être la cause des tourments familiaux. L'ancien président a ensorcelé son frère, affirme-t-elle. « On a longtemps été très proches. Après la mort de notre mère, on se parlait tous les jours. Et puis, tout d'un coup, David a changé. Il est devenu agressif. Il a commencé à me dire que l'Amérique est en danger. Que je ne comprends rien. Que j'ai tort ! Il est devenu insistant. Il est pour Trump. Pas moi. Il n'était pas comme ça avant. »

Depuis l'irruption de Trump sur la scène politique, les rapports au sein de la famille Pavesi se sont envenimés. Au point de devenir invivables. Joe, le cadet, lui aussi démocrate, a imploré David de garder pour lui ses opinions politiques. Margaret a même invoqué la mémoire de leur père, un ancien ouvrier dans l'industrie automobile. Rien n'y a fait. « C'est comme s'il avait subi un lavage de cerveau, me confie-t-elle. Notre père votait démocrate. C'était un syndicaliste. S'il était encore en vie, il le renierait. »

Quand je lui relate les faits, David hausse les épaules. Il parle de jalousie. De vieilles rancœurs. Il dit ne pas comprendre pourquoi sa sœur et son frère ont coupé les ponts. Le mari de Margaret, Gary, un manutentionnaire à la retraite, affable et généreux, se lamente de cette situation. « Tout ça est si triste. Ça n'a aucun sens. La politique est en train de déchirer les familles. »

De Thanksgiving à Thanksleaving…

L'intensité du désaccord national a contaminé le quotidien des Américains. Jusqu'au symbole de l'unité : la fête de Thanksgiving.

L'idiosyncrasie du pays, façonnée par ce mélange d'influences puritaines et païennes, prend corps dans cette célébration traditionnelle. Pour commémorer un hiver de disette auquel ils ont survécu grâce aux offrandes des Amérindiens, les premiers protestants, fraîchement débarqués d'Angleterre en 1620, festoient en guise d'action de grâce. La tradition est restée. Jour férié, la fête célèbre la résilience de ce peuple nouveau venu coloniser une terre hostile mais abondante. Elle rappelle aux Américains leurs racines pionnières et réaffirme l'exceptionnalité de cette nation.

Chaque année, Thanksgiving donne lieu à une gigantesque transhumance. Soixante millions d'Américains traversent un bout de territoire pour se retrouver en famille. Certains parcourent plusieurs milliers de kilomètres. Quatre cent mille vols sillonnent le ciel. Plus qu'à Noël. Le rituel semble immuable. Un repas familial fait de dinde rôtie, souvent trop sèche, de patates douces recouvertes d'un manteau de chamallows grillés et de tarte à la citrouille.

Comme tous les Américains, les Pavesi avaient coutume de se retrouver dans leur ville natale de l'Ohio, non loin de Cleveland, là où les arrière-grands-parents s'étaient installés à la fin du XIXe siècle. Les pierres tombales du cimetière d'Ashtabula racontent l'histoire de cette immigration italienne, débarquée d'Isernia et du Lazio, venue bâtir le chemin de fer reliant New York à Chicago. Sur le marbre sali s'affiche encore leur patronyme. Piscitelli. DiLemme. Pavesi.

Cabossée par la désindustrialisation et le chômage, la ville s'est depuis rabougrie. Les usines ont fermé. Une partie de la communauté italienne a émigré vers l'ouest. De nouveaux arrivants, afro-américains et hispaniques, ont pris leur place. L'église Saint-Joseph, où, enfant, David servait la messe, résiste péniblement au temps. En dehors d'un restaurant chinois et de quelques pubs, la grand-rue est occupée par des franchises de fast-food.

Les Pavesi se retrouvaient dans ce triste bourg, autour du grand-père, un ancien GI devenu syndicaliste. Depuis son décès, leur fille Margaret, la seule des quatre enfants à avoir gardé racine dans l'Ohio, perpétue la tradition. Matronne à la voix rocailleuse et au rire contagieux, elle accueille les visiteurs occasionnels qui passent dans sa région natale.

Cette famille généreuse et pudique incarne l'Amérique du bon sens, celle qui se lève tôt et travaille dur. Brutalisée par la mondialisation, elle a vu ses certitudes vaciller à mesure que le pays s'est enfoncé dans la crise.

De gauche par conviction, col bleu par tradition, ces Pavesi-là ont résisté aux discours testostéronés de la droite dure et à la dérive de la gauche radicale. L'Amérique qui roule des mécaniques ou celle qui déconstruit à tout-va n'est pas la leur.

Mais, comme beaucoup, les Pavesi ont été rattrapés par les divisions partisanes. Margaret et Joe s'affichent encore démocrates. David et son grand frère Julian revendiquent leurs convictions trumpistes. Même dans le berceau du syndicalisme américain, les communautés se fragmentent. Une majorité de cette terre ouvrière, longtemps à gauche, s'est laissé séduire par les sirènes du populisme.

Depuis le décès des grands-parents, les Pavesi ne se rassemblent plus pour fêter Thanksgiving. Se réunir, c'est risquer l'engueulade. Ils n'en ont plus la force. Chacun reste chez soi. Ceux qui votent démocrate d'un côté. Les trumpistes de l'autre. Ils ne se retrouvent plus ensemble.

La même question travaille toutes les familles américaines : Comment le pays peut-il encore se réunir quand il n'est plus d'accord sur rien ? Comment éviter que la polarisation politique ne contamine le tissu familial ?

Les courriers des lecteurs des quotidiens locaux regorgent d'appels à l'aide. Comme cette Américaine qui partage son inquiétude dans la revue protestante *Adventist Today* : « Notre dîner de Thanksgiving a été un désastre, écrit-elle. Nous espérions une réunion remplie de gratitude autour de la table, mais mon père a pris en otage la conversation avec des sujets politiques et des stupides théories conspirationnistes à propos de l'obligation vaccinale et des élections de 2020. Plusieurs d'entre nous ont essayé de changer de sujet mais nous n'avons pas réussi à l'arrêter. J'ai vu certains convives lever les yeux au ciel. La plupart n'ont rien dit et se sont concentrés sur leur repas[2]. »

Longtemps préservée, la fête de Thanksgiving serait-elle elle aussi infectée par la désunion politique ?

Deux chercheurs américains ont voulu en avoir le cœur net. Dans une étude fouillée, ils apportent une réponse à la fois éclairante et inquiétante[3]. Grâce à la géolocalisation, ils ont eu accès aux données des téléphones portables de dix millions d'Américains et ont pu retracer le lieu où ces personnes ont passé leur repas de Thanksgiving.

En analysant plus de 21 milliards de données de géolocalisation, ils ont identifié quelque 6 millions de maisons où des familles se sont réunies ce jour-là. En accédant aux data cellulaires des jours précédents, ils ont établi le lieu de résidence de ces personnes. En croisant ces données avec les résultats électoraux des bureaux de vote où se situe leur domicile, ils ont modélisé le positionnement politique de chaque personne – les bureaux de vote, généralement homogènes, étant un bon indicateur de l'inclination politique. Ils ont ensuite analysé le comportement des participants aux dîners de Thanksgiving. D'un côté, ceux ayant partagé leur repas avec des personnes appartenant au même bord politique. De l'autre, ceux ayant passé leur fête avec des membres du parti adverse. Ils ont ensuite modélisé les tendances pour les comparer.

Leur conclusion est fascinante : les Américains qui ont dîné avec des proches ne partageant pas leurs opinions politiques ont raccourci leur repas de Thanksgiving de 20 à 70 minutes en moyenne, par rapport à ceux qui se sont retrouvés chez des gens du même bord politique. Plus exactement, de 20 à

40 minutes pour les démocrates reçus par des républicains et de 50 à 70 minutes pour les républicains invités chez des démocrates !

Les deux chercheurs ont relevé une autre constante : les Américains résidant dans un État disputé électoralement raccourcissent encore plus leur dîner : jusqu'à 90 minutes ! Ils ont aussi noté que les démocrates sont plus prompts que les républicains à annuler leur fête de Thanksgiving pour éviter l'embarras de la discussion politique.

Leur analyse reflète cette réalité troublante : la polarisation dépasse le cadre de la politique. Elle contamine toutes les cellules de la société américaine jusqu'au repas de famille. Elle s'est infiltrée dans les anfractuosités du tissu social pour accélérer le délitement du vivre-ensemble.

La disparition de la modération

À droite, comme à gauche, l'Amérique s'est radicalisée.

Quand je suis parti vivre aux États-Unis en 1998, la politique s'invitait rarement à la table des Américains. Chacun gardait ses opinions pour soi. Le projet démocratique se voulait consensuel. Entre républicains et démocrates, la différence était de degré. Pas de nature. La situation a bien changé depuis.

Les républicains ont mis la barre à droite. Les démocrates se sont déportés vers la gauche. Il y a encore vingt ans, être républicain, c'était voter pour le parti de Reagan et des Bush. Être républicain signifie aujourd'hui être conservateur. Le phénomène est identique à gauche. Se définir comme démocrate ne veut plus dire qu'on adhère au programme de Barack Obama ou de Kamala Harris. Être démocrate signifie être progressiste. À gauche sur les questions économiques. Radical sur les questions de société.

Les électeurs des deux partis se sont déplacés vers les extrêmes. Le centre politique s'est évaporé. Dans les deux camps, les modérés ont disparu. En 1994, 58 % de l'électorat républicain se définissait comme conservateur. Trente ans plus tard, ce chiffre dépasse les 72 %. Seuls 2 électeurs républicains sur 10 se disent modérés[4].

À gauche, le changement est encore plus frappant. Ceux qui se considèrent comme progressistes représentent aujourd'hui 54 % de l'électorat démocrate. Ils n'étaient que 25 % en 1994.

« Les élus républicains se sont déportés vers la droite et les élus démocrates vers la gauche, note l'institut Gallup[5]. Mais il y a un paradoxe. Depuis le début des années 1990, les électeurs démocrates ont plus viré à gauche que les électeurs républicains n'ont viré à droite. »

Déjà dans les années 1960, Robert Kennedy, alors *attorney general*, avait perçu les dangers de cette fracturation électorale : « Le pays est déjà divisé verticalement, par classes, par races et par régions. Il serait dangereux qu'il soit aussi divisé horizontalement entre conservateurs et progressistes[6]. » Ce glissement idéologique vers plus de radicalité s'est accéléré. Entre les deux camps, le dialogue s'est rompu. Le procès d'intention est devenu permanent. Les Américains de droite comme de gauche n'ont jamais perçu leurs adversaires avec autant de suspicion.

Ce phénomène, je l'ai observé chez les Pavesi. Entre eux, le doute s'est installé. La méfiance règne. Sans se le dire, chacun s'accuse de trahison.

Stacey considère que la droite radicalise le pays en lui offrant une vision rabougrie du projet national. Ses parents estiment que la gauche a travesti l'Amérique et la mène à sa perte. Lonnie et David voient en Kamala Harris une menace. Au dire de Margaux et Vivienne, en privé, ils l'ont rebaptisé « la folledingue ».

Diabolisation réciproque

Chacun fantasme le danger que fait courir l'autre camp. La cause de la rupture est politique. Elle est aussi culturelle et sociétale. Tout se mélange.

Tous les dix ans, le Pew Research Center interroge un panel de quelque 6 700 Américains. Les chercheurs les questionnent sur l'image qu'ils nourrissent de leurs adversaires politiques. Par définition, elle s'exprime de manière négative. Ces chiffres racontent la dégradation de l'environnement politique. En 2002, 68 % des républicains avaient une image négative des démocrates.

Vingt ans plus tard, ce chiffre atteint les 92 % ! Même constat chez les démocrates : 93 % ont aujourd'hui une mauvaise image des républicains. Ils n'étaient que 67 % vingt ans plus tôt[7].

Façonnée par un environnement radicalisé, la perception de l'autre parti a fondamentalement changé. D'adversaire, il est devenu l'ennemi. Par facilité autant que par électoralisme, les deux camps ont essentialisé l'enjeu politique. Ils se sont vautrés dans la construction d'un discours sur les valeurs pour exciter leur base.

Une étude révèle l'apparition de nouveaux mots-clés dans le champ lexical des hommes politiques : « immoral », « malhonnête », « sectaire », « dangereux », et même « paresseux » ou « stupide »[8]. Ces mots ancrent la narration dans une prétendue menace que ferait peser l'autre camp. La situation ne serait pas dramatique si cette négativité se cantonnait à la sphère politique. Mais la tentation de diaboliser l'adversaire a contaminé toutes les strates de la société.

En 2016, 70 % des républicains estimaient que les démocrates étaient plus « sectaires » que le reste de la population américaine. Aujourd'hui, ils sont 83 % à le penser. Chez les démocrates, le chiffre est passé de 52 % à 69 %. Cette réalité politique traduit l'image que chaque camp a construite de l'autre. Miroir inversé, elle révèle aussi la perception que les électeurs ont d'eux-mêmes. Toujours selon le même sondage, 63 % des républicains pensent avoir des « valeurs morales » supérieures à celles des démocrates. Côté démocrates, ils sont 51 % à exprimer cette idée.

Un démocrate sur deux estime que le parti républicain représente une « menace pour le bien-être du pays ». Ils sont autant à droite à partager cette opinion sur la gauche[9].

Pour un grand nombre d'Américains, les élections ne sont plus un choix entre deux projets politiques. Elles sont devenues un combat pour sauver l'âme de l'Amérique. C'est l'existence même de la nation qui est en jeu. « La démocratie américaine est en danger », répète Kamala Harris. Trump estime qu'avec l'actuel président « le pays court à sa perte[10] ». Cette radicalité, longtemps dissimulée, est aujourd'hui assumée. Les électeurs recherchent une proposition politique qui incarne leur besoin de conflictualité.

Dans le même temps, les Américains semblent ne plus vouloir s'exposer aux opinions du camp adverse. Ils cherchent à esquiver toute discussion politique, comme si la conversation nationale comportait un risque. La radicalisation des positions pousse les électeurs à se barricader. À rester dans leur camp.

Des chercheurs se sont interrogés sur les motivations qui les poussent à éviter le débat politique[11]. En 2017, ils mènent une étude à laquelle participent 2 400 électeurs démocrates et républicains. Chaque fois, ils proposent aux participants d'être exposés aux opinions de leurs adversaires politiques contre un dédommagement monétaire.

À leur grand étonnement, 65 % des participants préfèrent refuser la somme d'argent plutôt qu'être confrontés au point de vue adverse ! Ce refus du débat touche autant les électeurs de droite que ceux de gauche. Il concerne tous les sujets : le mariage gay, la libre circulation des armes à feu, le changement climatique ou l'avortement…

« Notre étude suggère que les progressistes comme les conservateurs ne veulent résolument plus entendre le point de vue du camp adverse. Et cela de manière égale », écrivent les chercheurs dans leurs conclusions. À droite comme à gauche, les Américains ne veulent plus se mélanger.

Cette cassure, Kirby Wilbur l'a vécue. À Seattle, cet animateur radio a longtemps été une vedette. Pendant deux décennies, sur les ondes de la station KVI, il a animé la matinale, le *morning drive* comme l'appellent les Américains, puis la tranche de l'après-midi. Chaque fois, l'émission portait son nom : « The Kirby Wilbur Show ».

Chaque matin, près de 100 000 auditeurs de l'État de Washington se branchaient pour écouter cet animateur ouvertement conservateur disserter sur l'actualité, répondre aux questions des auditeurs ou débattre avec des démocrates. Au fil des années pourtant, l'atmosphère de l'émission s'est dégradée, me raconte ce septuagénaire à la voix grave. Celui qui se définit comme un « conservateur à la Reagan » a d'abord vu apparaître une acrimonie. Sous la présidence d'Obama, elle s'est transformée en hostilité. Puis Trump a été élu. Chaque camp s'est alors retranché. Les auditeurs de gauche sont devenus de moins en moins nombreux à appeler l'émission. « J'invitais des élus démocrates, mais ils ne venaient plus », se souvient-il[12].

Les sujets de discussions changent aussi. Finies les questions sur la fiscalité ou la place du gouvernement fédéral. Les auditeurs veulent débattre des armes à feu, de l'avortement, du *wokisme* ou de la *cancel culture*. Petit à petit, les questions sociétales ont phagocyté le débat. « Au niveau national, le fossé s'est agrandi. Politiquement, c'est devenu très compliqué d'ériger des ponts entre les deux camps. C'est de plus en plus dur de discuter », m'avoue-t-il.

Lors de notre conversation, Kirby Wilbur se remémore un moment particulier. C'était en 2018, sous la présidence Trump. Debbie, une auditrice démocrate, habituée de l'émission, s'émeut du manque de civilité. Wilbur lui propose d'organiser un débat. Elle se chargera de trouver six démocrates. Lui ramènera six républicains. Ensemble ils échangeront en direct à la radio. Le rendez-vous est pris sur les ondes. « Elle n'a pas pu trouver un seul démocrate qui voulait débattre ! m'informe-t-il, un brin dépité. Et moi, j'ai trouvé à peine deux ou trois républicains qui ont dit oui. Les autres n'ont jamais voulu. » Le grand débat citoyen que Kirby Wilbur avait imaginé n'aura jamais lieu.

« Avant, on pensait que les autres avaient tort. Désormais, on pense qu'ils représentent le diable, me confie-t-il. Il n'y a plus aucun sujet sur lequel on peut discuter. »

À droite comme à gauche, plus personne ne veut se mélanger.

Chapitre 3
La tribalisation politique

En observant les Pavesi, une évidence saute aux yeux. Les deux Amériques vivent chacune dans leur coin. Elles ne se mélangent plus. Ne se croisent plus. Celle de Stacey d'un côté. Celle de ses parents de l'autre.

De leur propre aveu, David et Lonnie Pavesi ne fréquentent plus de démocrates. Leur cercle d'amis n'est composé que de conservateurs. Certains portent un revolver à la ceinture. Tous ont voté Trump.

De mémoire d'époux, aucun républicain n'a été admis dans le premier cercle de Stacey. Son amie d'enfance, chercheuse en dermatologie diplômée de Harvard, prend Donald Trump pour un bouffon. Sa colocataire à l'université Cornell, aujourd'hui cheffe des avocats commis d'office de Philadelphie, le déteste avec une intensité brutale. Tous ses camarades de la fac s'affichent progressistes et pensent que les conservateurs font courir un danger existentiel à l'Amérique.

Stacey rejette l'idée que ses amitiés reflètent ses convictions politiques. Qu'importe, ces deux Amériques sont cloisonnées.

L'intensité du désaccord national ne s'appréhende que si l'on comprend l'ampleur de la déflagration qui a fragmenté la société américaine. Pendant longtemps, les divisions étaient multiples et distinctes. Elles étaient culturelles, religieuses, raciales, sociales, territoriales. Elles se croisaient, mais restaient séparées. Aujourd'hui, elles s'entremêlent, se superposent et se renforcent pour ne former qu'une seule et même ligne de fracture.

Ce réalignement idéologique a transformé l'affiliation partisane, au point d'en faire le clivage le plus structurant. Les nouvelles lignes de fractures dépassent le cadre purement politique ; elles définissent les relations sociales. Être républicain – ou démocrate – est devenu une identité en soi. Elle suffit à catégoriser une personne et structure le rapport à l'autre.

Dis-moi quelle émission tu regardes, je te dirai pour qui tu votes

À force de ne plus se côtoyer, républicains et démocrates ont fini par ne plus rien partager. Ils vivent de manières distinctes. Se comportent différemment. Consomment autrement. Ils font leurs courses dans des magasins séparés. N'achètent plus les mêmes marques. L'identité politique est tellement englobante qu'elle est devenue prédictive des comportements des Américains. Elle informe sur leurs modes de consommation. Explique leurs choix d'émissions télé. Elle va même jusqu'à renseigner sur les relations sociales et affectives.

Une fascinante analyse des données des box de télévision offre une fenêtre sur la division culturelle et politique qui traverse la société américaine.

En obtenant les adresses postales de 2,2 millions de foyers, la société d'analyse de données TiVo Research and Analytics Inc. a croisé les habitudes de consommation de près de 200 000 ménages avec les inscriptions de ces Américains sur les listes électorales[1]. L'étude a fait émerger un portrait composite de l'électeur républicain et de l'électeur démocrate, définis par leur mode de consommation. Face au petit écran, les partisans des deux camps font des choix radicalement différents.

L'étude montre que les électeurs conservateurs regardent le golf et les courses automobiles de la NASCAR. Ils raffolent des émissions comme *American Idol* et *Survivor*, versions américaines de *The Voice* et *Koh Lanta*. Ils s'informent sur Fox News, bien sûr, et boudent les JT des grandes chaînes généralistes[2].

Les électeurs de gauche regardent les matchs de basketball de la NBA et préfèrent les comédies ou les séries comme *Family Guy*. Ils sont fidèles aux *late night shows* et s'informent grâce aux JT du soir des grands *networks* ainsi que sur les chaînes d'information CNN ou MSNBC, considérées à gauche[3].

Sur les vingt programmes télé les plus regardés par les électeurs républicains, aucun ne se retrouve dans la liste des vingt émissions les plus suivies par les démocrates. Et vice versa[4].

La conclusion des auteurs est sans appel : la consommation des programmes télé aux États-Unis est aussi polarisée que les comportements politiques. La division du pays n'est pas uniquement électorale. Longtemps garante d'unité, la télévision exacerbe aujourd'hui les divisions partisanes. Les deux camps ne partagent même plus les mêmes divertissements. L'identité américaine connaît une perte de sens monumentale.

D'autres études montrent que les différences politiques se retrouvent dans le choix de restaurants que les Américains fréquentent, dans les modèles de voitures qu'ils achètent, dans les marques de bière ou le type d'alcool qu'ils consomment. Les modes de consommation des conservateurs et des progressistes ont bifurqué depuis les années 2000[5].

Les marques aussi ont une identité politique

Si certaines grandes chaînes de fast-food, comme McDonald's ou Burger King, rassemblent encore les Américains, un grand nombre de marques sont devenues plus clivantes. Les *steak houses*, les restaurants de viande, séduisent les clients conservateurs et sont boudés par les électeurs de gauche. Tout comme la chaîne de sandwichs Subway ou l'enseigne de poulet Chick-fil-A, prisées à droite. À l'inverse, les clients de Domino's Pizza ou de la chaîne de burgers Wendy's se définissent majoritairement comme étant démocrates. Les électeurs de gauche achètent leur café chez Starbucks. Ceux de droite chez Dunkin' Donuts, une chaîne moins chère et moins urbaine[6].

Certaines marques font même commerce de leur identité politique. À gauche, la marque de glaces Ben & Jerry's affiche son soutien aux causes progressistes. Elle réclame plus de restrictions sur les armes à feu et défend les droits des LGBTQ+. En 2018, l'entreprise lance un appel à la rébellion face à Trump en soutenant « les immigrants, les gens de couleur et les millions d'activistes qui résistent courageusement aux attaques du président contre nos valeurs ». Malgré de nombreux appels au boycott des conservateurs, la clientèle progressiste fait front. L'action prend 5 % à Wall Street. L'identification politique fait partie intégrante de la stratégie de la marque[7].

La chaîne de supermarchés Whole Foods, propriété du géant Amazon, vend des produits bios et naturels. Elle possède 450 magasins aux États-Unis. À l'inverse, Cracker Barrel se positionne comme une chaîne de supermarchés traditionnels, bon marché et à l'accent du Sud, qui met en avant l'identité américaine. Elle possède plus de 600 magasins dans 45 États.

Les résultats de la dernière élection présidentielle font écho au positionnement commercial des deux chaînes.

En 2020, Joe Biden a remporté 85 % des comtés dans lesquels se trouve au moins un magasin Whole Foods. À l'inverse, il n'a remporté que 32 % des comtés dans lesquels se situe au moins un Cracker Barrel[8]. Les emplacements de ces magasins deviennent donc prédictifs des comportements électoraux des Américains. L'inverse est vrai aussi.

Sans surprise, David et Lonnie refusent de faire leurs courses chez Whole Foods ou dans une autre grande chaîne, Target, l'équivalent américain de Monoprix. Les Pavesi avaient pourtant l'habitude d'y faire leur shopping. Mais au printemps 2023, la chaîne a lancé une collection de vêtements pour enfants aux couleurs des drapeaux LGBTQ+[9]. La droite américaine s'en est offusquée. Depuis, les Pavesi n'y mettent plus les pieds.

L'identité partisane est tellement prononcée qu'elle est devenue englobante. Elle définit tout. Mesure tout. Explique tout. Identité sociale à part entière, elle contamine l'espace public jusqu'à polariser la vie quotidienne des Américains. Elle définit même le choix des modèles de voitures. Selon une étude, les démocrates conduisent des hybrides et certaines marques étrangères comme Subaru, Honda ou Volkswagen. Les conducteurs de Land Rover, de Porsche ou de Hummer sont en majorité républicains. Bref, à gauche on roule en Prius. À droite, on préfère les pick-up[10].

Mieux encore, boire une Heineken ou une Corona, c'est s'afficher démocrate[11]. Acheter une Bud Light, c'est pencher à droite. Et quand cette dernière entreprise croit pouvoir s'affranchir de cette identité politique, elle subit les foudres des consommateurs. Au printemps 2023, la marque lance une campagne de pub avec une influenceuse transgenre. Choquée par ce coup marketing mal genré, sa clientèle se rebelle. En quelques jours, les appels au boycott se multiplient. Le célèbre chanteur Kid Rock se filme tirant au pistolet sur des cannettes de bière. Un autre chanteur de musique country fait savoir qu'il a jeté à la poubelle toutes ses Bud Light.

Devant l'intensité de la réaction, les ventes flanchent. Moins 26 % en un mois. Bud Light perd sa position de bière la plus vendue aux États-Unis. Le cours de l'action s'effondre. À Wall Street, le groupe perd 27 milliards de dollars en capitalisation boursière. Il doit licencier 350 employés[12]. Pour ne pas avoir compris que la bière possède aussi une identité politique, le vice-président en charge du marketing est viré sur-le-champ[13]. Quand Bud Light présente ses excuses, il est déjà trop tard.

Ces modes de consommation différenciés, ces goûts et ces habitudes forment la matrice d'une identité sociale assumée. Appartenir à l'un des deux partis s'apparente autant à un mode de vie qu'à un choix électoral. Une identité qu'il faut défendre.

Républicains et démocrates ne partagent pas non plus la même vision de la maison rêvée. Selon une étude publiée en 2020, les électeurs de droite déclarent majoritairement (65 %) vouloir s'offrir une grande maison et un jardin, pour être suffisamment éloigné du voisin. Ils ne veulent pas vivre en ville et acceptent de prendre la voiture pour faire leurs courses et déposer les enfants à l'école[14]. À l'inverse, une majorité de démocrates (58 %) disent vouloir résider dans un centre urbain ou suburbain, dans une maison de ville où les commerces, l'école et les restaurants sont accessibles à pied.

La densité de population est devenue un facteur de différenciation politique. 98 % des 50 comtés les plus denses votent démocrate. 98 % des 50 comtés les moins denses votent républicain[15].

Un statisticien a modélisé le point de rupture : environ 310 habitants au kilomètre carré*. Au-dessus de cette densité, les électeurs ont 66 % de chances de voter à gauche. Au-dessous, 66 % de chances de voter à droite[16].

L'identification partisane est devenue totale. Globale. L'alignement des identités sociales, psychologiques, géographiques et idéologiques a fini par former une méga-identité.

Les différentes lignes de fractures sont entrées dans une dynamique cyclique. Elles se complètent, se reflètent et se renforcent. La fusion de ces identités longtemps plurielles et multiples explique l'accélération de la polarisation du pays.

---

* L'équivalent de 800 habitants au *mile* carré – l'étude est calculée en *square miles.*

La consanguinité partisane

Lors de notre long entretien, l'ancien animateur radio Kirby Wilbur m'a asséné cette phrase : « Les conservateurs sont devenus une tribu[17] ! » La remarque m'a d'abord surpris. Dans une démocratie moderne, les ressorts de l'adhésion politique diffèrent de l'identification tribale. Comment pourrait-il en être autrement ? L'idée ne m'a plus quitté. Et si Kirby Wilbur avait raison ?

Basé sur l'adhésion volontaire, un parti politique est un regroupement d'individus qui soutiennent un projet commun. Dans les démocraties occidentales, l'affiliation partisane ne produit aucune identité exclusive. Elle autorise les appartenances multiples et la coopération avec les membres d'une communauté plus large.

À rebours, la tribu se structure autour d'une identité fixe, inaltérable et essentielle. Elle cultive la division et exclut les allégeances plurielles. Elle interdit à ses membres de se mélanger avec d'autres, surtout ceux dont il faut se méfier. Dans la dynamique tribale, les lignes de fragmentation contaminent la vie sociale et affective. Elles suivent à l'identique les lignes de polarisation politique[18].

Face au spectre de la radicalisation politique, les Américains ont trouvé refuge dans le confort émotionnel du lien tribal. Cette nouvelle identité a contaminé tous les aspects de la vie sociale et affective. Démocrates et républicains se regroupent entre eux. Restent entre eux. Se marient entre eux. Cette « consanguinité » politique définit aujourd'hui le rapport à l'autre. Les liens familiaux entre Américains en ont subi les effets de plein fouet.

Une étude récente s'est intéressée aux relations interpartisanes. Comment réagirait un démocrate ou un républicain s'il apprenait le mariage de son enfant à un électeur du parti adverse ? Cette question avait déjà été posée en 1960, dans une étude menée sur plusieurs milliers d'Américains. À l'époque, seulement 5 % des républicains et 4 % des démocrates se déclaraient « mécontents » du choix de leur enfant[19]. De la même manière, seulement 2 % des républicains et 3 % des démocrates se disaient « ravis » que leur enfant se marie avec un électeur du même parti. Les relations interpartisanes ne provoquaient aucune réaction affective, ni positive ni négative ; l'identité politique structurait moins les relations sociales que l'appartenance religieuse, la couleur de peau ou la classe sociale.

Un demi-siècle plus tard, la tendance s'est inversée. En 2010, deux sociologues ont renouvelé l'étude de 1960 en posant les mêmes questions à un échantillon d'Américains correspondant aux mêmes critères. En 2010, un républicain sur deux (49 %) et un démocrate sur trois (33 %) se déclarent « très ou plutôt mécontents » à l'idée que leur enfant se marie avec un électeur du parti adverse.

En cinquante ans, la méfiance entre les deux camps s'est renforcée. Elle a provoqué des phénomènes d'éloignement social qui se sont ancrés dans l'inconscient américain. En octobre 2022, le *New York Times* publie un sondage. Un Américain sur cinq y confesse avoir endommagé des relations amicales ou familiales à cause d'un désaccord politique[20].

Statistiquement, les Américains ont aujourd'hui plus de chances de se marier avec quelqu'un d'une autre religion, d'une autre couleur de peau ou d'une autre classe sociale que quelqu'un qui ne partage pas les mêmes opinions politiques !

C'est la conclusion de plusieurs études, notamment l'une effectuée par l'American Family Survey. Chaque année, ce centre, associé à l'université Brigham Young, interroge un panel représentatif de 3 000 Américains pour évaluer leur rapport à la famille et au mariage : en 2023, 10 % des personnes interrogées déclarent être dans une relation ou un mariage inter-racial ; autant affirment avoir pour partenaire un membre d'une autre religion. Mais seulement 7 % admettent être en couple avec un électeur du parti adverse[21].

Plusieurs études effectuées par des sites de rencontre américains confirment cette réalité. Selon le leader du marché, dating.com, 84 % de leurs clients affirment qu'il leur est « impensable » de se mettre en couple avec quelqu'un appartenant au parti opposé ! Les deux tiers (67 %) affirment même avoir mis fin à une relation pour des raisons politiques[22].

Une majorité des sites de rencontre demandent aujourd'hui à leurs clients d'indiquer leurs convictions politiques. Certains vont jusqu'à segmenter leur offre.

Ils se positionnent soit sur le marché des démocrates soit sur celui des républicains. Et n'hésitent pas à afficher la couleur !

L'homophilie politique plus prononcée que l'homophilie raciale

L'identification politique est devenue le catalyseur de toutes les divisions du pays : idéologique (conservateurs / progressistes), religieuse (pratiquant / non-pratiquant), territoriale (rural / urbain), éducative (diplômé / non-diplômé), sociale (CSP+ / CSP-), raciale (blanc / minorités)… Elle est devenue tellement normative qu'elle s'est transformée en une méga-identité qui définit, positionne et donc prescrit. Par construction, elle détermine l'image de l'autre.

Le « nous » et le « eux » structurent aujourd'hui le narratif politique. La division partisane a phagocyté tout esprit de communauté. Ce qui rassemble, ce qui unit n'est plus mis en avant. Des deux côtés, on valorise la différence. On exagère la division. Parfois jusqu'au fantasme. Les divergences sont devenues irréconciliables. Les choix politiques se formulent en termes moraux. Voilà aussi pourquoi les partisans se rassemblent et se ressemblent.

Cette homophilie politique – définie comme l'attirance vers son semblable – contamine toute la société. Déboussolés, effrayés par une radicalisation dont ils sont les premiers responsables, les Américains se rassurent en se regroupant. L'affiliation partisane offre un rempart face à leurs adversaires politiques.

Certaines analyses estiment que l'intensité de l'homophilie partisane serait aujourd'hui supérieure aux homophilies sociale, raciale ou même à celle liée au niveau d'éducation[23].

Une étude passionnante montre comment l'identité partisane pousse les Américains à favoriser, consciemment ou non, ceux avec qui ils partagent des affinités politiques, via l'obtention de bourses universitaires – un sujet qui, a priori, ne possède aucune ramification politique[24].

Les auteurs ont distribué le CV de mille candidats à un échantillon de participants. Les CV ont été sélectionnés en fonction des notes (certaines bonnes, d'autres moins bonnes). Ils ont ensuite distillé dans les CV certaines informations indiquant l'affiliation partisane des candidats (républicain ou démocrate).

Le but de l'étude est d'évaluer le biais cognitif que peut engendrer l'adhésion à un parti. Voilà ce que les chercheurs ont découvert : quand un CV comporte des indications sur les orientations politiques d'un candidat, les participants qui partagent ses opinions politiques lui accordent très majoritairement une bourse. Côté démocrate, 80 % des participants ont accordé une bourse à un candidat qui semblait être démocrate. Côté républicain, le chiffre avoisine les 69 %. Chaque fois, les candidats avaient des notes équivalentes.

Les auteurs de l'étude ont ensuite introduit des variations de notes qui changent le niveau d'aptitude des candidats. Là encore, les résultats sont édifiants. Qu'importe le niveau de qualification des candidats républicains, les participants démocrates ne leur ont octroyé une bourse que dans 30 % des cas… Quant aux candidats démocrates les mieux qualifiés, les participants républicains ne les ont choisis que dans 15 % des cas !

L'étude montre que l'affiliation partisane provoque de « forts biais cognitifs envers le parti opposé ». Et les auteurs de conclure : « L'appartenance partisane passe devant l'excellence académique. »

La tribalisation de l'identité partisane

L'alignement des opinions et la conformité au groupe fondent ces nouvelles communautés politiques. Dans un mécanisme de survie, cette dynamique conduit à la production de préjugés qui servent à délégitimer le groupe opposé. Cette réaction viscérale – ou tribale – devient le ciment de l'identification collective. Les désaccords ne sont plus politiques. Ils deviennent des questions de principe qui renforcent l'antipathie.

Dans son ouvrage *Uncivil Agreement*, la politologue Lilliana Mason a été la première à analyser la tribalisation de la vie politique américaine : « Il y a une crise de l'identité américaine […], écrit l'universitaire. Une crise de l'identité émerge quand les identités partisanes s'alignent sur les autres identités sociales, attisant notre intolérance vers des niveaux qui ne sont pas soutenus par notre désaccord politique[25]. » La production d'une identité politique englobante permet de canaliser la colère en « légitimant » la détestation du camp adverse. À mesure que la lutte contre les discriminations raciales ou sexuelles se développe, le besoin d'un exutoire se déplace vers le domaine politique, où l'insulte partisane, le mépris et l'humiliation sont acceptés voire encouragés. Contrairement aux autres oppositions de groupe, l'hostilité politique n'est aujourd'hui corsetée par aucune norme sociale qui réprimerait toutes attitudes excessives. Elle s'est affranchie des limites qui pourraient tempérer les ardeurs partisanes. À droite comme à gauche, on cherche l'affrontement.

On l'a vu, les biais cognitifs font que démocrates et républicains préfèrent donner une bourse aux candidats qui partagent leurs opinions politiques, même s'ils sont moins qualifiés. Les auteurs de l'étude ont poussé l'expérimentation plus loin. Ils ont voulu comparer l'intensité des biais cognitifs provoqués par l'affiliation partisane (démocrate ou républicain) avec ceux provoqués par l'identité raciale (afro-américain ou blanc). Ils ont donc ajouté dans les CV des informations indiquant l'identité raciale (photo, nom à consonance particulière…) en plus de ceux indiquant l'affiliation politique.

Si incroyable que cela puisse paraître, ils ont découvert que le biais partisan est plus prononcé que le biais racial. Qu'il soit plus qualifié ou non, un candidat d'un autre groupe racial obtient une bourse plus facilement qu'un candidat appartenant au parti adverse ! En l'absence de normes sociales restrictives, la discrimination politique a atteint un niveau d'acceptation rarement rencontré. Les chercheurs en concluent que « la discrimination politique est aujourd'hui plus prononcée que la discrimination raciale ». Et d'ajouter : « L'appartenance à un parti politique est devenue le clivage le plus important » dans la société américaine[26].

Les préjugés politiques ont la vie dure

Deux autres chercheurs se sont intéressés à ces clichés qui perdurent[27]. Leur étude montre comment le discours politique ambiant renforce le lien quasi tribal qui se forme entre les membres des groupes. Dans un mouvement mécanique, les dynamiques de comparaison et d'isolation sociales s'alimentent mutuellement.

Dans l'inconscient collectif des républicains, l'électeur démocrate est en majorité homosexuel, noir, athée et syndiqué. De leur côté, les démocrates s'imaginent que la majorité des républicains sont des vieux « friqués », sudistes et évangélistes. C'est ce qui ressort d'une étude statistique conduite auprès de mille Américains.

Les républicains pensent qu'un tiers (32 %) des électeurs démocrates sont homosexuels ; ils ne sont que 6 % ! Que les Noirs comptent pour la moitié (44 %) des électeurs du parti ; ils n'en représentent en fait que 25 %.

Qu'un tiers (31 %) sont athées ; ils ne sont que 8 %. Que 39 % des démocrates sont syndiqués ; seuls 10 % le sont.

Les démocrates estiment qu'un républicain sur trois (38 %) gagne au moins 250 000 dollars par an ; seulement 2 % des républicains gagnent cette somme. Qu'un républicain sur deux (44 %) a plus de 65 ans ; ils ne sont que 21 %. Les stéréotypes ont la vie dure.

Contrairement aux attentes, les Américains qui déclarent ne pas s'intéresser à la politique ne nourrissent pas les perceptions les plus erronées. Les biais cognitifs les plus prononcés viennent de ceux qui disent suivre l'actualité de manière assidue. Loin d'atténuer les distorsions, les médias offrent une caisse de résonance aux idées reçues : plus les Américains s'informent, plus ils semblent nourrir des préjugés.

L'identité politique étant devenue tribale, l'information ne suffit plus à promouvoir la compréhension de l'autre. Dans un mouvement pernicieux mais inévitable, l'industrie des médias s'est adaptée à la nouvelle donne politique. Victimes autant qu'acteurs de la segmentation de l'espace public, les médias, si essentiels à la fabrication d'une conscience collective, ont accéléré la déliquescence du débat politique.

L'affaissement des offres d'information traditionnelles a provoqué un vide médiatique dans lequel se sont engouffrés de nouvelles sources et de nouveaux supports. En devenant des propagateurs d'informations et de rumeurs, les réseaux sociaux ont créé, de manière organique, de nouvelles « bulles informationnelles ».

Ces écosystèmes totalement hermétiques produisent un contenu sur-mesure calqué sur les envies, les présupposés et les convictions de leurs consommateurs. Républicains et démocrates y puisent le narratif politique qui leur convient, qui les rassure ou qui renforce leur perception du monde. Mécaniquement, la frontière entre fait et opinion s'est estompée.

Les médias traditionnels n'ont pas eu le choix. Ils ont dû s'adapter à ce mouvement de segmentation en modulant leur offre. Fox News s'est positionné à droite. MSNBC à gauche. Regarder l'une de ces chaînes, c'est exprimer un choix politique. Dans un environnement politique anxiogène, c'est aussi s'assurer un confort idéologique. Aux États-Unis, Stacey écoute NPR, l'équivalent de France Inter et lit le *New York Times*. Ses parents laissent Fox News allumée toute la journée, sauf pendant les vacances, quand leur fille le leur interdit, pour ne pas contaminer Vivienne et Margaux.

Pour booster leurs audiences, certains médias sont devenus des promoteurs identitaires, figures de proue tribales, dont la mission est de revitaliser le sentiment d'appartenance. Sans s'en rendre compte, l'Amérique est passée de l'ère du journalisme d'opinion à celle du journalisme d'identité. L'essentialisation des débats politiques empêche la production d'une issue raisonnée et raisonnable.

Le combat politique est aujourd'hui prisonnier d'une distorsion des enjeux. La réalité des différences entre les deux partis est tout à la fois réelle et fantasmée.

Chapitre 4
Le grand regroupement

À 70 ans passés, David et Lonnie Pavesi ont donc fait leurs cartons. Finie la Californie. Direction la Floride ! Plus qu'un rêve de retraités, leur aller simple est une déclaration politique.

En parcourant les quatre mille kilomètres qui séparent ces deux États, les Pavesi se sont éloignés des progressistes qu'ils honnissent. « On aurait dû déménager il y a bien longtemps, me confie David avec soulagement. On n'en pouvait plus ! » Comme beaucoup, les Pavesi ont fui la confrontation d'idées. Ils ne veulent plus côtoyer que leurs semblables.

« Les Américains votent… avec leurs pieds »

À force de s'entrechoquer, les plaques tectoniques se sont écartées. La fissure est devenue une faille. La division politique s'est métamorphosée en fracture sociétale. Les deux Amériques sont si éloignées qu'elles ne se comprennent plus. Pire, elles ne se parlent plus.

Sous l'impact de ce tremblement de terre, le pays tout entier s'est morcelé en une multitude de communautés craintives et réticentes. Partout, les Américains se barricadent. Ils doutent. D'eux-mêmes et des autres. Ils se cloisonnent. Les républicains restent entre eux. Les démocrates aussi. Les États-Unis vivent à l'heure du grand regroupement.

Quand la compagnie de courtage Redfin publie son rapport annuel sur le marché immobilier américain, il est scruté avec attention par les analystes de Wall Street.

Cette société cotée en Bourse opère dans une centaine de villes du continent nord-américain. Son réseau comprend plus de 10 000 agents immobiliers. Elle affiche un chiffre d'affaires de deux milliards de dollars.

En 2022, la société alerte sur un nouveau phénomène. Il est si prononcé qu'elle le décrit comme irréversible. Les Américains « migrent maintenant pour des raisons politiques », explique-t-elle : « De plus en plus de gens votent avec leurs pieds en déménageant dans des régions qui sont en accord avec leurs opinions politiques[1]. »

Ces conclusions s'appuient sur une étude interne conduite auprès de plusieurs milliers de clients. De plus en plus d'Américains affirment que le facteur politique a joué un rôle dans leur déménagement, montre Redfin.

L'étude estime qu'un Américain sur sept a refusé de s'établir dans un État dont il n'approuve pas la législation. 15 % des clients de la société déclarent ne pas avoir voulu déménager dans un État où l'avortement est légal. A contrario, 12 % ont choisi de s'établir dans l'un de ces États parce que l'avortement y reste autorisé[2]. « Nous sommes en train de voir apparaître de plus en plus d'enclaves démocrates au sein d'États républicains et vice versa, cela veut dire que les districts républicains vont devenir encore plus républicains et les districts démocrates, encore plus démocrates », conclut l'analyse.

La tendance s'installe. Durablement. Les conservateurs se regroupent. Les progressistes aussi. Dans un sondage de l'institut Ipsos réalisé en mars 2023, 40 % des personnes interrogées se disent prêtes à déménager dans un État plus aligné sur leurs convictions politiques et 53 % le feront si des lois affectent leur vie de manière négative[3]. Un électeur sur deux ayant un projet de déménagement admet vouloir s'installer dans un État qui reflète ses idées politiques. L'un des auteurs de l'étude conclut : « Je pense que pour les Américains, la politique est devenue un facteur très, très important dans le choix du lieu de résidence[4]. »

Fuir plutôt que se confronter

Entre 2021 et 2022, on estime à plus de cent mille le nombre de Californiens qui sont partis s'installer dans l'État conservateur du Texas. Combien l'ont fait pour des raisons politiques[5] ?

Californienne de naissance, Bridget Melson ne supportait plus la dérive progressiste de son État. Conservatrice et fervente chrétienne, cette psychologue de profession a vécu plusieurs années dans la même ville que les Pavesi, à San Ramon, une banlieue de 85 000 habitants à l'est de San Francisco.

S'ils ne se sont jamais croisés, ils partagent un destin similaire. Comme mes beaux-parents, le ras-le-bol de la culture progressiste a poussé Bridget Melson à claquer la porte. En 2017, elle quitte la Californie pour s'installer au Texas. « On avait besoin de vivre dans un environnement aligné sur nos convictions politiques, sur notre système de valeurs, sur notre moralité, me confie cette mère de trois enfants. Je n'en pouvais plus de la haine des progressistes envers les conservateurs, de cette haine qu'ils diffusent partout[6]. »

Elle l'avoue, les raisons de son départ sont multiples : le matraquage fiscal, le prix du carburant, l'augmentation de la criminalité. Mais le *wokisme* et la *cancel culture* en Californie ont joué un rôle primordial. « Les démocrates nous imposent leurs vues immorales. Tu vas faire ça ! Tu vas penser ça ! Tu vas appliquer ça dans les écoles ! Ils veulent qu'avec nos impôts on finance le changement de sexe des ados. Si tu es chrétien, ils te traitent d'intolérant et d'homophobe. C'est pour cela que nous sommes partis nous installer au Texas. »

Le changement a été un déchirement. Il lui a fallu s'adapter à la culture texane. Mais vivre entourée de progressistes, dit-elle, lui était devenu intolérable. « Je voulais élever mes enfants dans un environnement qui corresponde à nos valeurs. Je n'en pouvais plus de leur haine. » Une fois installée, Bridget Melson crée une page Facebook, *Conservatives Moving to Texas*, pour aider les républicains à déménager. À l'été 2024, elle comptait 8 300 membres.

Refus du compromis. Rejet de la coexistence. Face à la division politique, les Américains ajustent leur regard. Ils affirment à leur manière une forme de sécession civique et individuelle. Ce phénomène touche les conservateurs autant que les progressistes.

Elizabeth Logan n'aurait jamais imaginé devoir quitter sa Floride natale. Et pourtant, à 46 ans, cette démocrate a fait ses cartons. En 2023, avec son mari et leurs trois filles, elle part s'installer à 800 kilomètres plus au nord, dans la ville d'Athens en Géorgie. Une enclave progressiste dans le Sud conservateur.

La radicalisation idéologique de la Floride a motivé sa décision, me dit-elle. Son État de naissance est devenu « brutal et toxique ». Quand je lui demande si elle a déménagé pour des raisons politiques, elle répond : « Je préfère dire que j'ai déménagé pour des valeurs, pour des raisons morales et pour la sécurité de ma fille, qui est lesbienne[7]. »

Cette infirmière en oncologie blâme Donald Trump et le gouverneur de Floride, Ron DeSantis. Ensemble, dit-elle, ils ont criminalisé l'homosexualité, idéologisé l'enseignement public et radicalisé les questions de société.

Elle décrit une vie locale qui s'est polarisée. Progressiste affichée, elle confie avoir été menacée. Parle d'intimidations, d'agressions verbales. Elle évoque un ami démocrate, membre du rectorat, dont la propriété a été incendiée parce qu'il voulait imposer le port du masque à l'école pendant la pandémie.

« Les conservateurs contrôlent ce que vous pouvez dire. Ils interdisent certains livres dans les bibliothèques publiques, ils ciblent les enfants homosexuels et trans. Les républicains se mettent au coin des rues et déversent leur haine en public. »

Elle ne reconnaît plus la Floride de sa jeunesse, « tranquille, apaisée, ou chacun s'occupait de ses affaires et veillait sur son voisin ». Aujourd'hui, affirme-t-elle, « les conservateurs viennent fouiller dans vos poubelles, regarder ce que vous lisez ou écouter ce que vous dites ».

Issue d'une famille républicaine, les relations avec ses proches ont aussi changé. Elle date la rupture à l'élection de Trump. « Du jour au lendemain, les membres de ma famille sont devenus des gens que je ne reconnaissais plus. Comme s'ils montraient soudain leur vrai visage, comme s'ils pouvaient enfin exprimer cette haine qu'ils cachaient depuis des années. » Quand son frère, policier dans le comté de Palm Beach, apprend qu'elle a participé à un rassemblement du groupe *Black Lives Matter*, il ne lui adresse plus la parole pendant deux ans. Depuis l'élection de Trump, sa famille ne se réunit plus pour fêter Thanksgiving. Plus personne ne veut faire d'efforts. Trop pénible.

L'identité politique de la ville d'Athens a convaincu la famille de déménager : « Je ne connaissais pas la ville. En faisant des recherches, j'ai vu que c'était une enclave progressiste. De toute manière, on n'avait pas l'intention d'échanger une horrible terre conservatrice pour une autre. »

Un électeur sur deux prêt à l'exode ?

La création d'enclaves politiques a accéléré la radicalisation des opinions. En se regroupant, en tournant le dos à la confrontation d'idées, les Américains ferment la porte au débat politique. Ils ne s'en cachent plus. Ils expriment ouvertement cette volonté de se retrouver entre eux. Républicains d'un côté. Démocrates de l'autre.

La polarisation de l'offre électorale exacerbe les tensions. Certains parlent de « dictature de la majorité ». À droite comme à gauche, le regroupement politique n'est plus tabou.

En février 2024, la société Redfin publie une nouvelle étude. La tendance au regroupement se renforce. Cette fois, la société a interrogé ses agents immobiliers. Un sur trois affirme avoir servi des clients ayant déménagé pour des raisons politiques[8].

Bret Weinstein, un agent immobilier basé à Denver, me confirme la tendance. Selon lui, les convictions politiques sont devenues l'un des critères de sélection du lieu de résidence. « Avant, les clients n'évoquaient jamais leur orientation politique quand ils cherchaient une maison. Aujourd'hui, ils en parlent, parfois dès le premier rendez-vous », me confie-t-il[9].

Cet agent immobilier, dont la société est implantée dans des villes républicaines comme démocrates, a vu les tensions se renforcer depuis la pandémie. « Chez la plupart de nos clients, la politique est l'un des trois critères les plus importants. De la même manière qu'ils nous disent, "Je veux deux salles de bains" ou "Je veux être à proximité d'une école", ils nous disent maintenant "Je ne veux pas m'installer dans un quartier progressiste", ou "Je refuse d'avoir des voisins conservateurs". Ils ne nous disent pas forcément, "Je suis un électeur de Trump" ou "Je vote à gauche", mais ils nous font comprendre qu'ils veulent s'entourer de gens qui pensent comme eux. »

La politisation des relations sociales a atteint de tels niveaux que certains propriétaires exigent parfois de vendre leur maison « à des gens comme eux ». Ce qui est interdit par la loi. Bret Weinstein doit même former ses employés à gérer les opinions politiques de leurs clients.

Le nombre d'Américains qui déménagent pour des raisons politiques est difficile à appréhender. Mais les chiffres des migrations intérieures donnent un ordre de grandeur. Un Américain sur dix déménage chaque année. Sur ces 30 millions, autour de 7 millions changent d'État. Ces chiffres suggèrent l'impact politique des migrations sur l'équilibre électoral[10].

En quarante-quatre ans de métier, Sunny Barka, une agente immobilière basée dans le Colorado, n'avait jamais observé un tel phénomène. D'abord anecdotiques, les déménagements politiques sont devenus une tendance. Elle parle aujourd'hui d'« exode ».

Longtemps dominé par le parti républicain, le Colorado s'est progressivement déporté à gauche à la fin des années 1990. L'État n'a plus voté pour un candidat conservateur à la présidentielle depuis 2004. Les démocrates détiennent aujourd'hui deux tiers des sièges dans la législature de l'État. Le Colorado a été le premier État à légaliser la vente de la marijuana à usage récréatif. La législature a codifié les droits des personnes transgenres. Plusieurs restrictions locales sur la possession d'armes à feu ont été votées. La fiscalité y est parmi les plus élevées du pays. Ces mesures ont poussé les conservateurs à fuir l'État.

« La majorité de mes clients déménagent pour des raisons politiques. Et ils ne s'en cachent plus. Certains me disent qu'ils partent pour retrouver "la liberté". Je n'avais jamais vu ça, me raconte cette femme bien apprêtée, à la voix haut perchée. Ceux qui partent vont s'établir dans des États plus conservateurs[11]. » Elle cite pêle-mêle la Floride, l'Idaho, le Missouri, le Nebraska, des bastions républicains. Ils « ne supportent plus le *wokisme* ambiant qui a contaminé notre État et ils le disent », ajoute-t-elle.

Un besoin d'identification politique

Quand je croise Chris Oatway, il ne faut pas dix minutes pour qu'il me parle de sa cousine.

Cet avocat, conseiller juridique de l'un des plus grands groupes de télécom américain, n'en revient toujours pas. Après plusieurs décennies passées en Californie, sa cousine vient de déménager en Caroline du Nord, un État conservateur. « Pour des raisons politiques », me précise-t-il. Il me montre le SMS qu'elle vient de lui envoyer : « Ça y est. On a quitté les communistes. On t'appelle quand on a fini de déballer les cartons ! »

Tous les Américains ne déménagent pas pour des raisons politiques. Le coût de la vie (55 %) reste la première raison d'un déménagement, selon l'index Ipsos réalisé auprès d'Américains qui ont des projets de relocalisation. Viennent ensuite les raisons personnelles ou familiales (31 %) et le travail (30 %)[12].

Mais figurent aussi sur cette liste déclarative la fiscalité locale (28 %), l'avortement (24 % pour les démocrates, 16 % pour les républicains), la législation sur les armes (20 % pour les démocrates,18 % pour les républicains), les droits des LGBTQ+.

Entre considérations politiques et raisons économiques, il est parfois difficile de faire le tri. Les deux s'entremêlent. Se renforcent. Une paire d'économistes a tenté d'objectiver l'importance du paramètre politique dans le choix de lieu d'installation.

Ces deux professeurs, l'une de Stanford, l'autre de l'université du Maryland, ont sélectionné plusieurs groupes à qui ils ont présenté des photos de quatre propriétés immobilières. Chaque groupe a eu accès aux mêmes informations (prix, superficie, accès aux commerces, proximité d'une école, distance du centre-ville). Un seul groupe a été informé de la couleur politique du quartier dans lequel se situent ces maisons.

Le résultat est édifiant : pour les électeurs qui se disent indépendants – aux États-Unis, on peut enregistrer officiellement son appartenance partisane –, l'identité politique du lieu n'a que peu d'influence. Mais pour ceux qui se définissent comme démocrates ou républicains, elle augmente (ou baisse) d'environ 20 % l'envie de s'installer dans ce quartier[13].

Sur les sites d'annonces immobilières, on trouve d'innombrables appels à l'aide de futurs propriétaires. Inquiets, ces Américains veulent en savoir plus sur l'identité politique du lieu où ils pensent s'établir. « L'endroit n'a pas besoin d'être totalement vide de démocrates, je recherche juste une enclave qui possède des valeurs américaines et qui ne va pas paniquer si je critique le président actuel », écrit un républicain qui veut s'installer dans le nord de la Virginie. Un autre, démocrate celui-ci, qui déménage dans une « région plutôt conservatrice » de l'État de Washington demande « dans quel coin ceux qui se disent progressistes préfèrent s'installer[14] ».

Quand les agents immobiliers affichent la couleur… politique

Ce besoin d'identification au lieu de vie est si prononcé que certains agents immobiliers n'hésitent plus à afficher leur préférence.

Dans les États majoritairement républicains, des sociétés de relocalisation ouvertement conservatrices voient le jour. En 2017, Paul Chabot fonde sa propre agence immobilière qu'il baptise Conservative Move. Son slogan tape-à-l'œil : « Valeurs, prospérité et sécurité ». Le marketing reprend le code couleur du parti républicain. « Quand votre communauté ne reflète plus vos valeurs morales, peut-on lire sur le site Internet, il est temps de déménager. » L'agence déclare aider les familles à s'installer dans une communauté où elles se sentiront « valorisées, chez elles et en sécurité ». Présente dans la majorité des États, elle se targue d'avoir organisé le déménagement de plusieurs dizaines de milliers d'Américains.

« Nos clients se sentent immédiatement en sécurité avec nous, car ils savent que nous partageons les mêmes valeurs », m'explique le fondateur, Paul Chabot[15]. Ancien commandant de la Navy, ouvertement conservateur, il l'admet aisément : « Notre réseau n'aurait jamais pu fonctionner il y a quarante ans. Le pays était beaucoup moins polarisé qu'aujourd'hui. L'Amérique a changé. Le parti démocrate aussi. Il n'a plus rien à voir avec le parti de JFK. Il s'est radicalisé. Il a été pris en otage par des extrémistes. »

Lors de notre entretien, ce républicain bon teint, aux cheveux impeccablement plaqués sur le côté, évoque une « révolte conservatrice ». Il raconte que ses clients ne veulent plus vivre « dans des États où la fiscalité est en hausse, où la criminalité perdure, où les écoles publiques se dégradent, où certains électeurs ne veulent plus financer la police ». Alors, ils déménagent.

Le mouvement inverse existe aussi. Au Texas, d'autres agents immobiliers offrent des services de déménagement réservés à ceux qui veulent « fuir les États conservateurs ». Leurs sociétés travaillent plus particulièrement avec la communauté LGBTQ+ du Texas qui se sent de plus en plus ciblée par la législature républicaine. « La tendance s'est accélérée depuis cinq ans. Nous ne reviendrons jamais en arrière », conclut Paul Chabot. À droite comme à gauche, l'Amérique semble avoir atteint le point de non-retour.

Le grand regroupement, facteur de polarisation politique

L'identité politique des États en fait des aimants pour une certaine population. Les États conservateurs attirent à droite. Les États démocrates, à gauche. Le grand regroupement est devenu un puissant facteur de fragmentation électorale. Dans un mécanisme cyclique, ce mouvement de population se nourrit de la polarisation tout en la renforçant. Il est à la fois la cause et la conséquence de la radicalisation de l'offre politique.

Une étude publiée par l'université de Georgia State en 2019 analyse la corrélation entre le grand regroupement et les résultats des quatre élections présidentielles, de 2004 à 2016[16]. Les chercheurs ont collecté les lieux de départ et de destination de la quasi-totalité (94,3 %) des migrations internes choisies (déménagement, relocalisation… hors contrainte économique) dans les 48 États qui forment l'Amérique continentale (hors Alaska et Hawaii). Ils ont ensuite décortiqué les votes dans les 1 834 comtés de plus de 20 000 habitants. Ils les ont catégorisés politiquement en fonction de l'écart des résultats électoraux. D'un côté, les comtés modérés (où les écarts entre partis sont inférieurs à 20 points – la population électorale y est hétérogène, il y a autant de démocrates que de républicains). De l'autre, les comtés polarisés (où l'un des deux partis remporte les élections avec plus de 60 % des voix).

En modélisant les flux de population entrants et sortants de chaque comté, les chercheurs ont comparé l'évolution des suffrages exprimés dans les comtés d'origine et de destination pour isoler et analyser l'impact électoral des mouvements d'électeurs*.

Voici leurs conclusions : les Américains qui quittent un comté polarisé, qu'il soit démocrate ou républicain,

* Ils ont décelé des récurrences en utilisant la méthode statistique de l'analyse de régression.

vont en grande majorité s'établir dans un autre comté polarisé. Chaque fois, ce comté est en accord avec leur opinion politique. La recherche d'un lieu de résidence dont l'identité politique est solidement affirmée reste une priorité pour ces Américains.

À l'inverse – et c'est une nouvelle tendance –, les Américains qui quittent un comté modéré s'établissent maintenant autant dans un comté modéré que dans un comté polarisé. Ces personnes, dont l'identité politique semble moins affirmée, subissent donc elles aussi les effets de la polarisation. « Selon ce modèle, concluent les chercheurs, les comtés polarisés agissent comme des aimants – attirant des populations venant de comtés modérés et échangeant des populations avec d'autres comtés polarisés. »

Les Américains choisissent des lieux de résidence clairement identifiés politiquement. Préférant la validation du groupe à la confrontation de points de vue, les électeurs se rassemblent, dans un mouvement de fond. Les conséquences électorales de ce « grand regroupement » s'expriment à chaque scrutin. Au niveau national comme au niveau local. Chaque fois, il agit comme un accélérateur de particules qui approfondit la polarisation.

Deux chercheurs de l'université du Rhode Island, Corey Lang et Shanna Pearson-Merkowitz, ont eux aussi tenté de comprendre l'impact des flux migratoires sur la polarisation politique. Pour cela, ils ont analysé les résultats des élections présidentielles de

1972 à 2012 dans chacun des 3 143 comtés américains[17]. Ils ont ensuite croisé ces informations avec les déclarations fiscales anonymisées de l'IRS – le fisc américain. Ces informations leur ont permis d'isoler avec précision les mouvements entrants et sortants de chaque comté.

En modélisant les comportements électoraux, ils ont comparé les résultats des élections avec l'apport de ces nouveaux électeurs – puis sans cet apport. Ils ont ainsi pu mesurer l'impact électoral des mouvements de population ainsi que la puissance d'attractivité qu'exercent les lieux ayant une forte identité politique.

La conclusion est identique : les Américains s'établissent en majorité dans des comtés dont l'identité politique est en adéquation avec leurs convictions. Ce regroupement d'électeurs renforce le phénomène de polarisation électorale.

Migration électorale et sécession

Selon une étude, le début de ce phénomène remonte à la fin des années 1990. D'abord timide, la tendance s'est accélérée. À partir des années 2000, la « migration électorale » a joué un rôle d'accélérateur dans le processus de segmentation politique que subit le pays. Elle est aujourd'hui arrivée à un point de non-retour[18].

Pendant la campagne électorale de 2022, Llana Rubel, la cheffe de file des démocrates à la Chambre des représentants de l'Idaho, remarque quelque chose d'étrange. Un grand nombre d'électeurs démocrates lui annoncent qu'ils quittent cet État conservateur. « C'est en faisant du porte-à-porte que je me suis rendu compte du problème. Je croisais des dizaines de démocrates qui me racontaient la même chose. Ils déménagent dans un État progressiste. Je n'avais jamais vu ça avant », me confie cette avocate de profession, éduquée à Harvard[19].

Depuis plusieurs années, cet État, dont l'identité conservatrice est clairement assumée, attire de nouveaux arrivants. En 2024, sa population devrait dépasser les 2 millions. Ils n'étaient qu'1,8 million en 2020[20].

Une étude menée par l'université de Boise au printemps 2023 montre que le nombre de nouveaux électeurs qui déclarent avoir déménagé dans l'Idaho pour des raisons politiques a doublé. Attirés par l'image de l'État, ces nouveaux arrivants sont plus conservateurs (53 % se déclarent « très conservateurs ») que le reste de la population locale. Ils représentent maintenant une force électorale considérable. Un électeur sur dix s'est récemment installé dans cet État rural.

Les effets du grand regroupement se sont rapidement fait sentir. À mesure que l'État vire à droite, les électeurs de gauche ont commencé à faire leurs bagages. Aux élections de 2022, le parti républicain décroche plus de 80 % des sièges au congrès de l'Idaho, un record. « C'est comme si on avait ouvert la boîte de Pandore, conclut Llana Rubel. D'un côté, les démocrates qui fuient et, de l'autre, les républicains qui viennent s'installer. »

À travers le pays, l'écrémage politique a débuté. Les démocrates fuient les États conservateurs. Et vice versa. L'identité politique des États est même ouvertement assumée. Certains gouverneurs n'hésitent d'ailleurs pas à la mettre en avant. En 2023, le gouverneur de Californie s'est permis de diffuser des spots télévisés en Floride dans lesquels il exhorte « les habitants de la Floride à continuer le combat ou à nous rejoindre en Californie, là où nous croyons encore en la liberté[21] ».

Les Américains sont entrés dans une nouvelle phase de ségrégation politique.

Chapitre 5
La ségrégation partisane

Fils de syndicaliste, David Pavesi a grandi dans une famille de gauche, ouvrière et italienne. Enfant, il portait l'aube le dimanche. Timide et frêle, il est élevé à la dure. Une ceinture à la main, son père lui enjoint de devenir un homme. À ses 18 ans, il lui montre la porte.

De son propre aveu, la politique n'a jamais attiré David. Quand il déménage en Californie, dans les années 1980, il se laisse séduire par l'optimisme politique de Reagan. Il se définit alors comme un républicain modéré.

Tout change en 2008 avec l'élection du premier président noir. Il trouve Barack Obama condescendant. Son intellectualisme l'insupporte. Il se sent insulté. Méprisé. La crise financière vient renforcer son sentiment d'abandon.

Homme discret et réservé, David s'enhardit. Ses opinions s'endurcissent. Avec Fox News en bruit de fond, il se radicalise. Quand Trump surgit, David laisse enfin éclater sa rancœur. Sa virulence s'étale au grand jour. Il cherche l'affrontement avec ceux qui votent démocrate.

La transformation s'est faite sous nos yeux. En quelques années. L'arrivée en Floride a accéléré la radicalisation. Jusque-là opposé à la libre détention des armes à feu, il demande une licence de port d'arme en 2023 : « On ne sait jamais », me répond-il en guise d'explication.

À mesure qu'il s'endurcit, son rejet de la gauche se mue en détestation. Presque viscérale. Il en est aujourd'hui convaincu, le parti démocrate représente un danger mortifère. Sans sourciller, il justifie l'assaut du Capitole. Accuse Biden de corruption. Conspue Kamala Harris. En 2024, David votera Trump. Pour la troisième fois. Sans aucune hésitation.

Avec les progressistes, la rupture est consommée. Plus aucun compromis n'est possible. Si David a quitté la Californie, c'est d'abord pour s'éloigner d'eux.

L'Amérique, une succession d'enclaves républicaines et démocrates

Si l'espace national apparaît fragmenté, un autre phénomène est désormais marquant : l'homogénéisation des communautés politiques.

Cette double dynamique, à la fois concomitante et corrélée, a provoqué un effet de blast, déstructurant tous les échelons de la démocratie fédérale. L'Amérique est devenue une succession d'enclaves républicaines et démocrates, repliées sur elles-mêmes et coupées les unes des autres.

Prenez Detroit. La ville ressemble à toutes les autres. En bordure des Grands Lacs, de son centre émerge une forêt de gratte-ciel qui dominent d'interminables rangées de maisons individuelles. Capitale américaine de l'industrie automobile, la ville a perdu de sa superbe. La crise industrielle a fait vaciller cette ancienne gloire du Midwest. Les usines ont fermé. Detroit s'est appauvrie autant qu'elle s'est rétrécie. Elle ne compte plus que 630 000 résidents, contre trois fois plus dans les années 1950.

Politiquement, Detroit n'a pas toujours été une ville de gauche. Jusque dans les années 1960, la majorité des maires s'affichaient républicains. La situation a bien changé depuis.

Pas la peine de chercher les électeurs conservateurs, vous ne les trouverez pas ! Dans les avenues de Detroit, ils se sont volatilisés. Aux dernières élections présidentielles, Joe Biden a remporté... 94 % des voix de Detroit ! Sur les 235 000 votants, son rival Donald Trump n'a obtenu que 12 000 voix... À peine 5 % !

Le candidat républicain s'est pourtant félicité de son score. Quatre ans plus tôt, face à Hillary Clinton, il n'avait pas dépassé les 3 %.

Les électeurs républicains se sont réfugiés en dehors de la ville. Dans les banlieues. Dans les campagnes.

56 des 83 comtés du Michigan ont voté pour Donald Trump à plus de 60 %.

Cet État n'est pas une exception. À travers le pays, des poches électorales, de droite ou de gauche, fleurissent un peu partout. Conséquences du grand regroupement, ces communautés forment le nouveau paysage politique. Dans les mégalopoles comme dans les comtés ruraux, dans le Sud conservateur comme le long de la côte Ouest, aucune région n'est épargnée.

Le comté de Campbell, dans le Wyoming, ressemble à l'image d'Épinal du Far West. Ce bout de terre poussiéreux de l'Ouest américain, parsemé de villages avec leur saloon au milieu de la grand-rue, compte une multitude de ranchs et d'immenses troupeaux de *longhorns*. Quarante-six mille habitants y résident, la plupart à Gillette, petite ville fondée avec l'arrivée du chemin de fer à la fin du XIXe siècle. Sur les 20 000 électeurs qui ont pris part au vote, seuls 1 900 ont déposé dans l'urne un bulletin au nom de Joe Biden, soit 9 % des votants. Les autres ont choisi Donald Trump. Les quatre comtés adjacents ont tous soutenu le candidat républicain à plus de 85 %. Dans le Wyoming, Trump a remporté 21 des 23 comtés et plus de 70 % des voix ! Autant dire que les habitants de cet État ne croisent pas souvent d'électeurs démocrates.

En Virginie-Occidentale, dans l'est du pays, la situation est identique ou presque. La totalité des 55 comtés de l'État ont voté Donald Trump aux dernières élections. Quarante-quatre d'entre eux avec plus de 70 %

des voix ! Dans cet État de 1,7 million d'électeurs, Joe Biden dépasse les 40 %… dans seulement deux comtés.

L'inverse existe. À quatre mille kilomètres plus à l'ouest, sur la côte pacifique, San Francisco et les quatre comtés limitrophes forment une gigantesque mégalopole de 3,5 millions d'habitants. Elle s'étale sur 5 500 km^2, la taille du Calvados ou de l'Ardèche. La région est l'un des poumons économiques de l'Amérique. C'est aussi un concentré d'électeurs progressistes. Dans ce vaste ensemble, les républicains semblent *persona non grata*. Les démocrates sont six fois plus nombreux. En 2020, huit électeurs sur dix (82 %) ont voté pour Joe Biden !

À force de se renfermer sur eux-mêmes, la grande majorité des Américains vivent dans des « bulles idéologiques », des écosystèmes politiques homogènes et hermétiques. Leur réalité est devenue unidimensionnelle. Ces citoyens ne croisent plus leurs adversaires politiques. Dans leurs univers, l'opposition n'existe pas. Un peu à la manière des communautés sur Facebook ou Instagram, les Américains ont reconstitué des environnements politiques qui leur ressemblent. En se regroupant, ils ont cru se protéger. Ils se sont enfermés.

Ces écosystèmes font la taille d'un État, d'un comté, d'une ville ou d'un quartier. Une frontière, souvent invisible, sépare ces univers électoraux. Un simple code postal indique parfois la couleur politique d'un endroit.

Cedar Grove et Upper Monclair, dans le New Jersey, sont deux villes contiguës. On passe de l'une à l'autre sans même s'en rendre compte. Une frontière administrative traverse plusieurs rues et sépare ces deux villes, semblables en apparence. Elles appartiennent au même comté. Leur population, similaire, avoisine les 13 000 habitants. L'âge médian y est de 42 ans dans l'une, 46 ans dans l'autre. Le revenu moyen se situe autour de 90 000 dollars par an. Dans chaque ville, quatre habitants sur cinq s'identifient comme Blancs.

En apparence, rien ne distingue ces deux communes. Et pourtant, un monde sépare Upper Monclair de Cedar Grove. La première est un bastion démocrate dont 78 % des électeurs ont voté pour Joe Biden en 2020. La seconde un repaire de républicains où Donald Trump l'a emporté avec 7 points d'avance[1].

Les identités politiques de ces deux villes se sont construites au fil du temps. Elles dépassent le cadre électoral. Cedar Grove est une municipalité moins dense, moins citadine et plus établie. Elle attire des conservateurs réfractaires à la promiscuité urbaine. À l'inverse, le centre-ville d'Upper Monclair, accessible à pied, correspond au style de vie qui semble convenir aux électeurs démocrates. Les électeurs de chaque parti veulent surtout vivre entre eux. Longtemps un détail, ce marqueur politique est devenu un élément essentiel de leur image.

Dans ce paysage électoral éclaté, un républicain ou un démocrate a aujourd'hui moins de chances de vivre à côté d'un voisin de l'autre camp que dans les années 1960 !

2 % des comtés détiennent les clés de l'élection

Plus les Américains se regroupent, plus les endroits dans lesquels ils vivent s'homogénéisent. Un indicateur reflète cette dynamique profonde : le nombre de comtés dits « polarisés ». Des comtés tellement homogènes politiquement que le même parti, démocrate ou républicain, remporte chaque élection avec au moins 60 % des voix, c'est-à-dire avec plus de 20 points d'avance.

En 1976, sur les quelque 3 143 comtés, on ne comptait que 390 comtés « polarisés », soit un sur dix. Dans les autres, soit 90 % des comtés, républicains et démocrates vivaient ensemble, côte à côte. S'ils avaient des convictions différentes, ils partageaient le même espace public. Un demi-siècle plus tard, la situation a radicalement changé. Le nombre de comtés « polarisés » a été multiplié par sept. En 2020, plus de trois quarts des comtés (2 753) ont été remportés par l'un des deux candidats avec plus de 60 % des voix[2].

Rapportée à la population américaine, la réalité est aussi frappante. En 1976, un Américain sur quatre (26 %) résidait dans un comté « polarisé ». Aujourd'hui, une majorité d'électeurs (60 %) vit dans un comté « polarisé »[3]. En un demi-siècle, le « grand regroupement » a altéré l'équilibre politique. L'écrémage idéologique explique en partie l'intensité de la polarisation du pays.

Mécaniquement, le nombre de comtés « ultra-polarisés » – c'est-à-dire remportés par l'un des deux candidats à la présidentielle avec plus de 80 % des voix – a lui aussi augmenté[4]. Quand le journaliste Bill Bishop décèle cette tendance il y a quinze ans, moins de 200 comtés (6 %) avaient été remportés par l'un des deux candidats avec plus de 80 % des voix[5]. En 2012, le nombre passe à 300. Aujourd'hui, il dépasse les 700 ! Un comté sur cinq (21 %) a donc voté pour l'un des deux candidats… avec plus de 80 % des voix lors des dernières élections présidentielles. Trois fois plus qu'il y a vingt ans. Un Américain sur dix habite aujourd'hui dans un comté « ultra-polarisé ».

À l'inverse, le nombre de comtés disputés a fondu. En trente ans, il a été divisé par trois. En 1992, un tiers des comtés étaient considérés comme disputés, soit 1 096. En 2020, seulement 303 comtés (10 %) ont été remportés avec moins de 10 points d'écart[6].

La ségrégation électorale s'est enkystée dans le tissu politique américain. À tel point que la dernière élection présidentielle s'est décidée dans une poignée de comtés. Entre 2016 et 2020, seulement 71 comtés (2 %) ont changé de camp d'une élection à l'autre. Dans 98 % des comtés, les électeurs ont voté pour le même candidat qu'aux précédentes élections[7].

Autrement dit, la présidentielle de 2020 s'est jouée sur 2 % du territoire ! Ces mêmes 2 % détiennent les clés de l'élection de 2024.

La nouvelle ségrégation politique

N'étant plus exposés les uns aux autres, républicains et démocrates vivent aujourd'hui dans un état d'isolement politique jamais atteint. Ils cloisonnent leurs rapports comme si l'autre camp était devenu contagieux.

En 2021, deux professeurs de Harvard mènent une étude d'ampleur sur les conséquences du grand regroupement[8]. Ils tentent de répondre à deux questions : Dans la vie de tous les jours, combien de fois un démocrate croise-t-il un sympathisant républicain ? Existe-t-il des endroits où électeurs de gauche et de droite n'interagissent plus ? De manière minutieuse, ils récupèrent les résultats électoraux des 3 143 comtés et les croisent avec une série d'informations récoltées sur 180 millions d'Américains. Cet échantillon correspond à 75 % de la population adulte du pays. En utilisant l'analyse spatiale des données ponctuelles et surfaciques*, ils réussissent à modéliser l'intensité de la ségrégation politique en mesurant le degré d'interaction des électeurs d'un parti avec ceux du parti adverse.

---

* L'analyse spatiale des données ponctuelles et surfaciques sont deux méthodes d'analyses dans lesquelles la localisation des observations est considérée soit comme variable (ponctuelle) soit comme fixe (surfacique). L'objectif est de définir la structure de voisinage et de quantifier l'influence qu'exercent les observations entre elles en comparant notamment la distribution des observations avec une distribution complètement aléatoire.

Grâce à l'adresse indiquée sur les listes électorales, les auteurs arrivent à identifier et à géolocaliser les 1 000 voisins les plus proches de chacun des 180 millions d'électeurs. Ils croisent ensuite cette masse de données avec l'affiliation partisane (républicain, démocrate ou indépendant) que ces personnes ont déclarée sur les listes électorales. En appliquant plusieurs équations mathématiques, ils réussissent à cartographier dans chaque ville les interactions quotidiennes de ces 180 millions d'électeurs.

Leur conclusion est effarante : tous les quartiers, toutes les villes, tous les comtés des États-Unis subissent de plein fouet les effets de la ségrégation politique. Les chercheurs estiment que 98 % de la population américaine réside dans un lieu que l'on pourrait considérer comme politiquement ségrégué[9]. Pire, un électeur démocrate sur dix n'a quasiment aucune interaction quotidienne avec des électeurs républicains. Ce sont ces Américains qui vivent dans les grands centres urbains comme New York, Chicago, Detroit ou même Tucson en Arizona. Dans ces villes, estiment les auteurs, 93 % des interactions quotidiennes des électeurs démocrates ne se font qu'avec d'autres électeurs démocrates.

La ségrégation politique est au moins aussi intense dans les zones rurales. Les électeurs républicains de certains comtés ne croisent presque jamais d'électeurs démocrates. Dans les *suburbs*, ces gigantesques banlieues où s'est réfugiée la classe moyenne, les interactions transpartisanes se situent également à un niveau extrêmement bas : seules deux interactions sur dix se font avec un adversaire politique. Ce chiffre est identique chez les démocrates et les républicains.

« De tels niveaux de ségrégation impliquent un degré très limité d'exposition aux idées politiques concurrentes venant de leurs voisins. En général, même quand les démocrates et les républicains vivent dans la même ville – ou dans le même quartier –, ils se rassemblent par affinité partisane », concluent les auteurs. Ils estiment qu'au niveau national chaque électeur, qu'il soit démocrate ou républicain, n'effectue en moyenne que trois interactions quotidiennes sur dix avec un membre du parti adverse.

L'étude montre combien la ségrégation politique s'est diffusée dans le pays et a contaminé toutes les mailles du tissu social. « Ces niveaux élevés d'isolement partisan impliquent plusieurs conséquences importantes, ajoutent les chercheurs. Aux États-Unis, l'affiliation partisane est devenue une identité sociale, autant que la religion ou la race. Elle est prédictive des comportements et des attitudes, y compris hors du champ politique. »

Au Texas, républicains et démocrates ne se mélangent plus

À première vue, rien ne semble avoir changé au Texas. En 2020, Donald Trump a remporté l'État avec 52 % des voix. Un score quasi identique aux résultats de toutes les élections présidentielles depuis un quart de siècle.

L'image est pourtant trompeuse. À l'instar de la ségrégation qui s'installe dans le pays, l'État s'est transformé. Il est devenu une succession d'enclaves républicaines avec quelques îlots démocrates en son sein. Chaque entité fonctionne en vase clos.

L'analyse des résultats, comté par comté, illustre les effets du « grand regroupement ». En 2020, Donald Trump a remporté la grande majorité des comtés texans, 231 sur 254, la plupart étant des comtés ruraux vides d'habitants. Joe Biden n'a gagné que dans une poignée de comtés urbains densément peuplés. L'élection n'a été disputée que dans 12 % des comtés (29 sur 254). Dans le reste du Texas, c'est-à-dire dans 9 comtés sur 10, le vainqueur a remporté le scrutin avec plus de 60 % des suffrages. Pire, dans près de la moitié des comtés de l'État (107), l'un des deux candidats a gagné avec plus de 80 % des voix !

Ces chiffres reflètent la nouvelle réalité électorale. Comme si un écrémage avait eu lieu, républicains et démocrates se sont séparés. Ils vivent chacun de leur côté, chacun dans leurs comtés. Cela n'a pourtant pas toujours été le cas. Pendant longtemps, la minorité démocrate et la majorité républicaine se sont mélangées dans l'État du Texas.

Prenez l'élection présidentielle de 1988. Cette année-là, George H. Bush remporte le Texas avec 55 % des suffrages face au démocrate Michael Dukakis. Un score à peu près similaire à celui de Donald Trump en 2020. À première vue, rien ne semble donc avoir changé. C'est en comparant la répartition des voix qu'on prend conscience de la transformation à l'œuvre. En 1988, plus d'un comté sur deux (145 des 254) était compétitif, c'est-à-dire qu'il avait été remporté par l'un des deux candidats avec moins de 60 % des voix. En une trentaine d'années le nombre de ces comtés compétitifs a donc été divisé… par cinq, passant de 145 à 29 ! En 1988, un seul comté avait voté à plus de 80 % des suffrages pour l'un des deux candidats… En 2020, on en compte 107 !

En trente-deux ans, le regroupement d'électeurs a créé des enclaves électorales. Des îlots de droite… et de gauche.

Deux comtés illustrent cette nouvelle réalité électorale. Limitrophes, le comté de Burnet et celui de Travis se situent au centre de l'État. Ils couvrent en partie la capitale, Austin. Le premier vote traditionnellement républicain, le second traditionnellement démocrate. Mais observez l'évolution des scores aux élections présidentielles.

En 1988, George H. Bush remporte le comté de Burnet avec 54 % des voix. Michael Dukakis celui de Travis avec un score identique. Trente-deux ans plus tard, Donald Trump remporte le comté de Burnet avec 76 % des voix. Joe Biden celui de Travis avec 71 % ! En l'espace de trente ans, démocrates et républicains ont créé des poches électorales hermétiques.

La loi de la polarisation de groupe

La fragmentation de l'espace public en communautés politiques homogènes et hermétiques a agi comme un accélérateur de particules. L'effet induit a exacerbé la radicalisation de l'Amérique. Le pays est entré dans un cercle vicieux. Pour capter l'attention d'un électorat en perte de repères, les partis politiques adoptent des positions toujours plus polarisantes.

Plusieurs questions demeurent : Comment la communautarisation de l'espace public a-t-elle provoqué la radicalisation de l'offre politique ? Et par quel mécanisme, cette radicalisation a-t-elle accéléré à son tour la nouvelle ségrégation ?

Ces questions, le juriste et professeur de l'université de Chicago Cass Sunstein a tenté d'y répondre. Dans une fascinante thèse intitulée *La Loi de la polarisation de groupe*, publiée il y a une vingtaine d'années, Sunstein se penche sur l'impact de l'homogénéisation des points de vue sur la prise de décision[10]. Que se passe-t-il quand les membres d'un même groupe pensent tous la même chose ? Quel effet le réalignement idéologique a-t-il sur le processus décisionnel ?

En s'appuyant sur de nombreux travaux expérimentaux et en utilisant la méthode d'analyse rétrospective, Sunstein s'interroge sur la puissance des effets d'entraînement et leur impact sur les processus de délibération. Il se penche sur les mécanismes internes qui font émerger une conviction ainsi que sur l'automaticité qui s'installe dans les dynamiques de groupe. Sunstein investigue ce qu'il appelle « la tendance prédélibératoire », c'est-à-dire l'effet des biais cognitifs collectifs. Que se passe-t-il quand aucune diversité d'opinion n'oxygène le processus décisionnel ? Quand les points de vue dissonants sont, volontairement ou non, exclus de la discussion délibératoire ?

Sa conclusion : Quand un groupe est formé de gens qui pensent de la même manière, ils sont incités à durcir leur position, au point parfois d'aboutir à une décision dépassant ce que les membres du groupe étaient prêts à accepter au départ. C'est ce que Sunstein appelle le phénomène de « polarisation de groupe ». « Un groupe d'individus tend à prendre des décisions plus extrêmes que les inclinations naturelles de ses membres », écrit-il dans un livre publié quelques années plus tard[11].

Sunstein fonde son analyse sur un biais psychologique important : les individus préfèrent avoir tort ensemble qu'être seuls à avoir raison. Cette pression du groupe accélère le phénomène de radicalisation. Ce n'est donc pas un hasard si la polarisation idéologique de l'Amérique s'est développée en parallèle au grand regroupement. Corrélés, les deux phénomènes se nourrissent et se renforcent. Ils alimentent la confrontation dans le pays.

L'homogénéisation idéologique des communautés politiques s'est accentuée avec l'irruption des réseaux sociaux. Les communautés digitales qui se créent sur Internet agissent comme des caisses de résonance. Ces

« bulles sociales » hermétisent la compartimentalisation des groupes d'opinion et accentuent la radicalisation de leurs prises de position.

Avec l'émergence des réseaux sociaux, l'offre informationnelle s'est démédiatisée. Les communautés politiques ont obtenu un accès direct et organique à un contenu de « news ». En sélectionnant les informations, en les « filtrant », elles ont réussi à créer des environnements uniformes et aseptisés. N'étant plus jamais confronté aux opinions dissonantes, l'écosystème idéologique sert d'abord à valider les convictions et à renforcer les préjugés. Dans un cercle vicieux, la segmentation de l'information et le grand regroupement se nourrissent l'un de l'autre. Ensemble, ils ont pulvérisé la production du lien social et ont radicalisé la ségrégation politique.

La radicalité devient la marque – la preuve – de la sincérité électorale. Le contexte politique favorise la surenchère. Outrance et promesses exubérantes riment avec authenticité. La modération, cette tiédeur constructive, est suspecte. On la craint. On s'en méfie. On la bannit. Dans un phénomène d'adhésion partisane et sous l'effet des dynamiques électorales, la polarisation négative a pris l'ascendant. Les électeurs acquièrent des réflexes de supporters. Comme souvent dans le sport, ils détestent le camp adverse. Parfois plus qu'ils n'aiment leur propre équipe ! Battre l'adversaire devient la motivation première, plus encore que celle de soutenir son parti ou d'avoir raison ; l'important est d'accéder au pouvoir et surtout que les autres n'y arrivent pas. L'adhésion s'exprime d'abord… contre.

L'essentialisation des convictions découle de cette dynamique. Mécaniquement, le camp d'en face est passé d'adversaire à ennemi. Son point de vue, néfaste et dangereux, est perçu comme une menace pour le pays. Le compromis est impossible.

Sunstein introduit un autre concept : l'« effet de cascade ». Quand les individus ou les groupes sociaux « finissent par croire quelque chose – quand bien même cette chose est fausse – uniquement parce que certains membres du groupe semblent y croire ». Dans un environnement idéologique homogène et hermétique, l'effet d'entraînement déclenche une accélération de la radicalisation du groupe, sans même que ses membres s'en aperçoivent.

Jamais challengés, jamais inquiétés, jamais confrontés, les Américains se sont habitués à ce (faux) confort intellectuel. Ils se sont accoutumés à vivre dans un environnement qui leur ressemble, où ils se retrouvent.

Dans leur vie quotidienne, leurs adversaires politiques n'existent plus que de manière fantasmée.

Chapitre 6
États-(dés)Unis d'Amérique

Quand je demande à David pourquoi il a fui la Californie, il reste évasif. Trop d'impôts. Trop d'embouteillages. Trop d'incohérences. Il tourne autour du pot. De toute manière, précise-t-il, il ne supportait plus « l'esprit californien » – comprenez, le progressisme politique.

Pourquoi la Floride ? « Dieu a guidé notre choix », répond-il avec conviction. Avant d'ajouter d'une voix basse, comme s'il était à confesse : « De toute manière, on ne pouvait plus habiter dans un État gauchiste. »

Californie contre Floride

À elles deux, la Californie et la Floride symbolisent la fracturation idéologique du pays. Plus encore que les quatre mille kilomètres qui les séparent, les deux États se situent aux antipodes de l'échiquier politique. À tel point qu'on se demande s'ils appartiennent encore au même pays.

Laboratoire de l'expérimentation progressiste, la Californie est devenue un incubateur d'idées radicales. L'État veut dynamiter le carcan normatif de l'Amérique anglo-saxonne et faire émerger une identité déconstruite et inclusive. Les récentes évolutions de son arsenal législatif puisent leur inspiration dans le courant *woke*, la théorie critique de la race et l'intersectionnalité.

La Floride s'est transformée en un bastion des revendications conservatrices, le porte-étendard de l'Amérique des valeurs. Elle veut incarner l'identité d'une nation blanche, chrétienne et réactionnaire. L'Amérique de ceux qui « s'accrochent à leurs flingues, leur religion ou leur animosité contre les gens qui ne sont pas comme eux », selon l'expression de Barack Obama.

Jamais dans l'histoire du pays ces deux États n'ont paru aussi éloignés politiquement. Est-ce vraiment un hasard si les Pavesi ont déménagé de l'un à l'autre ?

Les 39 millions de Californiens habitent dans un État solidement ancré à gauche. Tous les leviers de pouvoir sont aux mains du parti démocrate. Le gouverneur, les deux sénateurs et 40 des 52 *congressmen*. Tout comme les trois quarts des élus des deux assemblées locales. La Californie n'a pas voté pour un candidat républicain à l'élection présidentielle depuis 36 ans !

La Floride, avec ses 22 millions d'habitants, est entièrement contrôlée par le parti républicain. Le gouverneur, les deux sénateurs et 20 des 28 *congressmen* affichent leur couleur conservatrice. Les deux tiers des élus aux assemblées locales sont de droite. Donald Trump a remporté cet État haut la main lors des deux dernières élections présidentielles.

De cette réalité électorale découle une bifurcation idéologique. Comme si le modèle de société qu'échafaudait la Californie devait nécessairement s'opposer à celui de la Floride. Et vice versa. De l'instruction publique à la politique pénale, de la législation sur les armes à feu à celle sur l'avortement, les deux États font des choix radicalement différents. Cette rupture dépasse le cadre de la politique. Elle illustre la guerre sociétale que se mènent les deux Amériques

En Californie, se promener un revolver à la ceinture sans posséder de port d'arme constitue un délit passible de trois ans de prison. Conduire avec un pistolet dans la boîte à gants ou être en possession d'un fusil d'assaut à son domicile est sanctionné par une peine similaire.

En Floride, pour sortir armés, les habitants n'ont besoin ni d'un permis ni d'une formation particulière. Il leur suffit d'avoir acheté une arme légalement. Tous les adultes sans casier judiciaire ont le droit d'être armés dans n'importe quel lieu public.

En Californie, qu'importe le délit, les juges peuvent accorder une libération conditionnelle à un délinquant contre le versement d'une caution de… zéro dollar ! Pour que les plus démunis puissent aussi éviter l'incarcération préventive, la Californie a inventé cette procédure inédite.

En Floride, quand un repris de justice commet un délit dans les trois ans suivant sa libération, il peut être condamné à la prison à vie. Cette loi est l'une des plus punitives du pays. Un quart des prisonniers à vie qui croupissent dans le système carcéral américain ont été condamnés en Floride[1].

La Californie a décidé d'inclure la théorie critique de la race dans l'approche éducative. Cette théorie dénonce l'existence d'un racisme systémique, encodé dans l'ADN de l'Amérique. Dans les écoles publiques de l'État, on enseigne comment le racisme a défini la trajectoire nationale et structuré les politiques publiques mises en œuvre depuis deux siècles et demi.

En Floride, cet enseignement a été banni des écoles. Quand ils abordent l'histoire afro-américaine, les professeurs ont l'obligation d'enseigner que l'esclavage a apporté aux Afro-Américains « des bénéfices personnels et leur a permis de développer des compétences[2] » !

En Californie, les principes *wokes* sont devenus une partie intégrante de l'enseignement[3]. L'objectif est de promouvoir un environnement éducatif prétendument plus « inclusif pour les minorités raciales ».

En Floride, une loi baptisée le « Stop Woke Act » interdit aux professeurs de « provoquer la mauvaise conscience, l'angoisse ou n'importe quelle forme de détresse psychologique » chez les étudiants à cause de leurs origines ou de leur couleur de peau. Autrement dit, de faire porter la responsabilité des maux de l'Amérique sur les élèves blancs[4].

La Californie a été le premier État à accepter l'idée de payer des réparations aux descendants d'esclaves afro-américains. La facture pourrait s'élever à plus de 2 milliards de dollars[5].

En novembre 2023, un amendement déposé par un élu républicain de Floride veut inscrire dans la Constitution de l'État l'interdiction de verser des réparations aux descendants d'esclaves[6].

En Californie, la question de « l'homosexualité, la pansexualité, l'asexualité et l'hétérosexualité » figure au programme des cours d'éducation sociale et affective, dès le primaire[7].

En Floride, une loi rebaptisée « Ne prononcez pas le mot gay » interdit aux enseignants d'aborder les questions d'orientation sexuelle. Les directeurs d'école ne sont pas autorisés à identifier un élève autrement que par son genre de naissance. Sous la pression de la majorité conservatrice, l'État a banni des bibliothèques publiques plus de 1 400 livres, la plupart considérés comme « sexuellement explicites » ou d'influence LBGTQ+[8]. La Californie a fait l'opposé en votant une loi pour interdire… les interdictions de livres[9] !

L'avortement est un droit inaliénable dans cet État. Il est légal « jusqu'à ce que le fœtus soit viable », c'est-à-dire jusqu'à la vingt-sixième semaine de la grossesse, beaucoup plus tard qu'en France. En Floride, l'avortement est interdit après la sixième semaine de grossesse. Les médecins pratiquant des IVG après cette limite sont passibles de cinq ans de prison. Cette mesure, votée au printemps de 2023, est l'une des plus restrictives parmi les États qui n'ont pas totalement interdit l'avortement.

En Californie, la peine de mort a été déclarée inconstitutionnelle par une juridiction locale et un moratoire est en place. La dernière exécution d'un condamné à mort remonte à 2006. En Floride, la peine capitale est légale. Depuis 2006, l'État a exécuté 39 personnes par injection létale. Deux cent quatre-vingt-dix-huit prisonniers croupissent encore dans le « couloir de la mort. »

En Californie, l'usage récréatif de la marijuana a été dépénalisé en 2016. En Floride, c'est un délit passible d'un an de prison.

La Californie a l'un des taux d'imposition les plus élevés du pays. La TVA locale dépasse les 8 % et l'impôt sur le revenu local avoisine les 12 %. La Floride a l'un des taux d'imposition les plus bas du pays. La TVA locale n'est que de 6 % et l'État ne ponctionne aucun impôt sur le revenu.

Depuis avril 2024, les employés des fast-food doivent être payés au moins 20 dollars l'heure en Californie, le plus haut salaire minimum du pays. En Floride, ils ne sont payés que 12 dollars l'heure.

La Californie se définit comme « un État sanctuaire ». Elle offre l'asile aux immigrés clandestins et interdit aux policiers locaux d'arrêter une personne dans l'unique but de contrôler son identité. En Floride, abriter, transporter ou recruter un immigré clandestin est un crime passible d'une peine de prison. Une loi votée en 2023 oblige les hôpitaux à dénoncer les immigrés illégaux qui viendraient se faire soigner.

Pour son gouverneur, Gavin Newsom, la Californie est le seul État vraiment libre. Pour son gouverneur, Ron DeSantis, la Floride est « l'endroit où le wokisme meurt ». Sa phrase est même devenue un slogan !

Ce grand écart idéologique, politique et culturel résume la dualité qui existe aux États-Unis. Porte-étendard des États progressistes, la Californie veut rendre l'Amérique plus inclusive. Cheffe de file des États conservateurs, la Floride veut préserver l'identité anglo-saxonne du pays.

L'hégémonie démocrate en Californie

Il est difficile d'imaginer que le réalignement idéologique de la Californie s'est produit sur la terre électorale de Ronald Reagan, de Richard Nixon et d'Arnold Schwarzenegger. Il n'y a encore pas si longtemps, la Californie était considérée comme un État centriste.

En 1978, les électeurs californiens sont les premiers à lancer la « révolte fiscale » en interdisant par référendum l'augmentation de certaines taxes locales. En 1994, ils amorcent un virage sécuritaire en votant pour l'expérimentation des peines planchers, le fameux « Three Strikes and You're Out » qui imposent une peine de vingt-cinq ans de prison aux criminels condamnés pour la troisième fois. Deux ans plus tard, les électeurs californiens mettent fin, par référendum, à la discrimination positive. Pendant vingt ans, de 1968 à 1988, les Californiens ont voté pour le candidat du parti républicain à chaque élection présidentielle.

Qu'est-il donc arrivé à la Californie ? Pourquoi, et surtout comment, cet État s'est-il transformé en si peu de temps ?

Sa bifurcation idéologique trouve son explication dans le grand regroupement. En trente ans, l'électorat californien s'est métamorphosé. Les classes moyennes et populaires, vivier électoral du parti républicain, ont fui l'État. Elles ont été remplacées par des électeurs diplômés, urbains et progressistes attirés par le boom de la Silicon Valley et de l'industrie du divertissement.

Prenez ces chiffres : de 1950 à 1990, la population de la Californie a triplé, passant de 10 à 30 millions d'habitants. En 1990, alors que la culture progressiste commence à s'enraciner dans l'État, cette croissance démographique ralentit. Certains habitants commencent à quitter l'État. En 2020, pour la première fois de son histoire, le solde net devient négatif. Entre 2020 et 2023, plus d'un million et demi de Californiens sont partis. Un million s'y sont installés. En trois ans, la Californie a perdu 500 000 habitants.

Le coût de la vie, l'augmentation de la fiscalité et la dérive progressiste de l'État ont poussé une partie de la classe moyenne vers l'exode. Les cols bleus sont les premiers à claquer la porte. Selon les chiffres du dernier recensement, de 2005 à 2015, la Californie a perdu près de 800 000 ouvriers ! Durant cette période, les trois quarts des Californiens qui ont quitté l'État gagnaient moins de 50 000 dollars par an.

Un article du *Los Angeles Times* publié en 2015 affirme que ceux « qui quittent l'État en masse ont en majorité fini leurs études secondaires mais ne possèdent pas de diplôme universitaire[10] ». Le cœur de l'électorat conservateur, la petite classe moyenne blanche, suburbaine ou rurale, a donc fui la Californie pour trouver refuge dans des terres conservatrices. Vingt pour cent de ces exilés – soit 156 000 – se sont installés au Texas[11].

Ces « petits blancs », comme certains les nomment, ont été remplacés par une main-d'œuvre issue de la vague d'immigration hispanique des années 1980 et 1990. Aujourd'hui, la communauté latina, qui vote très majoritairement démocrate, compte pour 40 % de la population californienne.

Dans le même temps, le boom des nouvelles technologies a aimanté une nouvelle classe de travailleurs. Plus éduquée, mieux formée, plus urbaine et donc plus progressiste. La population de la Silicon Valley et de San Francisco est passée de 6 millions en 1990 à 8 millions en trente ans. Cet afflux de population a abouti à un écrémage de l'électorat californien. Les démocrates sont aujourd'hui deux fois plus nombreux que les républicains, alors qu'ils faisaient jeu égal il y a quarante ans[12].

La polarisation politique s'ancre localement

Un chiffre résume la fracturation politique des États-Unis : 80 % des Américains vivent dans un État entièrement contrôlé par un seul parti politique* ! Jamais, dans l'histoire du pays, ce chiffre n'a été aussi élevé. Oubliez la Maison-Blanche. Mettez de côté Joe Biden et Donald Trump. Pour comprendre la polarisation idéologique du pays, il faut prêter attention à la politique locale.

L'Amérique est une fédération de cinquante gouvernements locaux. Chaque État dispose de larges compétences en matière fiscale, culturelle, sociale, éducative. Le gouverneur détient d'importants pouvoirs de police. Il s'appuie même sur une force militaire appelée garde nationale. Chaque État a rédigé sa propre Constitution. Celle de l'Alabama contient plus de 310 000 mots, quatre fois plus que la Constitution américaine. Sur chaque dollar d'argent public dépensé aux États-Unis, quarante-huit centimes proviennent du budget des États. 87 % des détenus américains ont été condamnés par des juridictions locales.

Parce que l'Amérique est une démocratie fédérale, la politique locale a longtemps été découplée des enjeux nationaux. En 2012 par exemple, les démocrates remportent l'élection présidentielle et obtiennent la

* C'est-à-dire que le poste de gouverneur ainsi que la majorité dans les deux Chambres locales sont aux mains d'un même parti politique.

majorité dans les deux Chambres du Congrès fédéral à Washington. Cela n'a pas empêché les républicains de remporter la majorité des législatures locales.

Pendant longtemps, la cohabitation était la règle à l'échelon local. Un gouverneur devait souvent composer avec l'une de deux Chambres aux mains du parti adverse. En 1998, par exemple, une majorité d'États, 31 sur 50, étaient administrés par un gouvernement local de cohabitation. Seuls 19 États disposaient d'un gouvernement local entièrement contrôlé par l'un des deux partis. La Californie avait un gouverneur républicain et un congrès local à majorité démocrate, tous élus au suffrage universel. En Floride, le gouverneur démocrate gouvernait avec un Sénat et une Chambre aux mains des républicains – à seulement deux voix de majorité. Cet équilibre des pouvoirs assurait l'alternance et le bon fonctionnement de la démocratie fédérale américaine.

Sous l'effet du grand regroupement, ce système s'est progressivement déréglé. Aujourd'hui, 39 des 50 États sont entièrement contrôlés par l'un des deux partis. Certains le sont depuis plus de trente ans. Résultat : 266 millions d'Américains (soit 80 % de la population) vivent aujourd'hui dans un État contrôlé par un seul parti politique – 41 % dans un État aux mains des démocrates, 39 % dans un État républicain.

La polarisation politique n'est donc pas cantonnée à la Floride ou à la Californie. La nationalisation des enjeux locaux a approfondi un peu plus la division du pays. Au Texas, le législateur a imposé que les écoles publiques enseignent les préceptes bibliques et qu'elles affichent de manière bien visible dans « un format poster en dur ou dans un cadre » le texte des Dix Commandements[13].

Dans l'Oregon, les élèves du secondaire n'ont plus besoin de savoir lire, écrire ou maîtriser les bases des mathématiques pour décrocher leur diplôme de fin d'études. La gouverneure démocrate de l'État veut ainsi éviter les discriminations et promouvoir un système éducatif plus inclusif envers les élèves défavorisés[14].

Depuis janvier 2024, les médecins de l'Idaho qui fournissent des traitements hormonaux ou des bloqueurs de puberté aux jeunes qui veulent changer de sexe sont passibles de dix ans de prison[15]. L'Idaho est le treizième État à avoir fait voter une telle loi.

La vie quotidienne d'un Américain dépend donc de l'État dans lequel il réside. L'accès à l'avortement, le droit de porter une arme ou d'adhérer à un syndicat, le contenu des manuels scolaires ou l'acceptation des minorités sexuelles varient diamétralement en fonction de l'État de résidence.

Avortement, libre circulation des armes à feu… insurmontables clivages entre États ?

Qu'est-ce que l'urbanisation d'un État, le niveau d'éducation de sa population, la vente d'armes à feu, la fréquentation des lieux de culte et la légalité de la peine de mort ont en commun ? A priori, pas grand chose. Et pourtant…

La carte électorale des États-Unis reflète aujourd'hui la densité de population d'un État, son niveau d'éducation, mais aussi sa religiosité ainsi que la proportion de ses habitants qui sont armés. Plus qu'un enjeu électoral, l'opposition politique est devenue un combat entre deux visions de l'Amérique.

Prenez la carte des États les plus urbanisés. On suivra pour cela l'index d'urbanisation conçu par le statisticien Nate Silver. En modélisant le nombre de voisins qu'un électeur possède dans un rayon d'environ 8 kilomètres (5 miles), il a classifié les cinquante États en fonction de leur densité de population[16].

Huit des dix États les moins urbanisés ont voté pour Donald Trump, la majorité avec plus de 20 points d'écart. Ces huit États font partie des dix États les plus religieux du pays, selon le sens défini par le Pew Research Center[17]. Ces huit États sont aussi parmi les plus conservateurs du pays. La plupart n'ont pas voté pour un candidat démocrate à l'élection présidentielle depuis 30 ans. Sept de ces États possèdent aussi le plus faible taux d'éducation[18].

À l'inverse, les neuf États les plus urbanisés font partie des dix États les moins religieux et des dix États ayant le plus fort taux de diplômés universitaires. Tous votent démocrate et ont tous soutenu Joe Biden en 2020.

Prenez la peine de mort. Si la peine capitale est légale dans vingt-sept États, une dizaine seulement exécutent toujours les condamnés[19]. Ils sont tous républicains. Parmi eux, on retrouve huit des dix États les plus religieux. Neuf des dix États les plus conservateurs. Six de ces dix États ont le taux d'éducation le plus faible du pays.

Prenez l'avortement : depuis l'arrêt de la Cour suprême de 2022 laissant le choix aux États d'interdire l'IVG, douze États l'ont banni. Parmi eux, on retrouve huit des dix États les plus religieux et huit des dix États qui ont le taux d'éducation le plus faible.

À l'opposé, les dix États les moins religieux sont des États solidement ancrés à gauche. L'avortement y est toujours légal et la peine de mort y a été abolie[20].

Le clivage droite-gauche reproduit quasi parfaitement la division religieuse, la division académique, la division urbaine et sécuritaire du pays. L'Amérique qui se sécularise vire à gauche. Celle dont la pratique religieuse s'est renforcée s'est radicalisée à droite…

Prenez le sujet des armes à feu : il y a en 393 millions en circulation aux États-Unis, plus que les 332 millions d'habitants. En trente ans, leur nombre a doublé – il y en avait « seulement » 192 millions en 1994, puis 265 millions en 2015[21].

Et pourtant, le nombre d'Américains qui possèdent une arme à feu n'a quasiment pas augmenté ! En 1980, 28 % des Américains déclaraient posséder une arme à feu[22]. Ce chiffre est de 32 % en 2021, selon une étude du Violence Policy Center[23].

Comment est-ce possible ? Une grande partie des armes à feu sont aujourd'hui concentrées dans les mains d'une minorité d'individus. Selon une autre étude, 8 % des propriétaires d'armes à feu détiennent aujourd'hui plus de 39 % du total des armes en circulation[24].

Ce chiffre illustre combien le débat sur les armes à feu a été contaminé par le clivage droite-gauche. Plus les républicains s'arment, plus les démocrates se désarment. Près d'un républicain sur deux (44 %) affirment détenir une arme à feu. C'est deux fois plus que chez les électeurs de gauche[25].

Il est difficile de l'imaginer, mais, dans les années 1970, les Américains qui possédaient une arme à feu se déclaraient indifféremment démocrates ou républicains. En 1976, 50 % des électeurs républicains et 45 % des électeurs démocrates affirmaient détenir une arme à feu[26].

Aujourd'hui, 90 % des républicains qui détiennent une arme à feu pensent que c'est un droit constitutionnel. Moins d'un démocrate sur deux partage cet avis. Au fur et à mesure que le sujet s'est politisé, les démocrates ont délaissé les armes. Les républicains, eux, ont augmenté leur arsenal. Le débat sur les armes à feu est devenu un marqueur identitaire, l'expression d'une appartenance à un camp. Posséder une arme à feu s'apparente à une déclaration politique. Cette identification se retrouve dans la carte électorale.

Dans les États conservateurs du Montana, de l'Idaho ou de l'Alaska par exemple, deux tiers des habitants possèdent au moins une arme à feu. Dans les États progressistes du Massachusetts, du Rhode

Island ou de New York, moins d'un habitant sur cinq en a une.

Tous les États dans lesquels une majorité d'habitants déclarent posséder une arme ont voté pour Donald Trump en 2020. Ces États ont tous un gouverneur républicain et une législature à majorité républicaine. Huit de ces dix États ont le plus faible taux d'urbanisation du pays.

Dans les années 1980, la majorité des États – dont le Texas – qui autorisaient leurs citoyens à détenir une arme leur interdisaient de la porter dans l'espace public. Sortir armé était considéré comme un délit. En 2024, plus aucun État n'applique cette interdiction.

Dans une dizaine d'États, l'âge légal pour porter une arme a été abaissé à 18 ans. On peut donc sortir armé avant d'avoir le droit de boire une bière dans un bar !

Que s'est-il passé en quarante ans ? Le débat s'est radicalisé. Porter une arme est devenu un marqueur identitaire ainsi qu'un puissant facteur de mobilisation électoral.

Cette radicalisation des opinions, cette tribalisation des identités, a entamé le lien social. L'Amérique se scinde en deux. États conservateurs d'un côté. États progressistes de l'autre. Une nouvelle forme de sécession est enclenchée.

Deuxième partie

La nouvelle sécession

Chapitre 7
La tentation sécessionniste

La résolution s'intitule simplement « TEXIT ».

La fusion de deux mots : Texas + *exit*. Déposé par un élu républicain en mars 2023, le texte demande à la législature de « déterminer si l'État du Texas doit réaffirmer son statut de nation indépendante ». Autrement dit, que le Texas fasse sécession.

Si le législateur l'autorise, un référendum local sera organisé. L'auteur de la résolution ne s'en cache pas. Il veut forcer le destin. Pour lui, les États-Unis d'Amérique ont perverti l'idéal républicain. Il est temps que les Texans reprennent leur indépendance.

Cet élu républicain n'est pas le seul à réclamer cette émancipation politique. Depuis quelques années, des voix s'élèvent pour que le « Lone Star State » s'affranchisse du joug américain. En février 2024, plus de 200 000 Texans signent une pétition pour claquer la porte des États-Unis. Un sondage publié dans le magazine *Newsweek* montre qu'un Texan sur quatre (23 %)

se dit prêt à voter pour la sécession, si un référendum était organisé. Rarement l'indépendance n'a semblé aussi populaire[1].

La plupart réclament le retour de la République du Texas, qui exista entre 1836 et 1845. Emmenés par Sam Houston, des colons anglo-saxons déclarent leur indépendance du Mexique après une guerre éclair. La république texane est reconnue par six pays dont la France… et les États-Unis, qui y installent un chargé d'affaires. Dix ans plus tard, craignant une nouvelle invasion mexicaine, les colons demandent la protection américaine. Les États-Unis votent l'annexion du Texas, qui devient le 28e État américain. Lors de la guerre de Sécession, le Texas prend une nouvelle fois son indépendance pour rejoindre les États confédérés.

S'ils ont toujours été minoritaires, les partisans de l'indépendance n'ont jamais disparu. La récente polarisation politique a redonné du souffle à leur cause. L'ancien gouverneur du Texas, Rick Perry, a même osé déclarer : « Nous sommes une république. Nous avons été une nation indépendante dans le passé. Et l'un des points d'accord était que nous pouvons partir quand nous le voulons[2]. » S'il a juridiquement tort, son point de vue s'est répandu. En 2024, Nikki Haley, alors candidate à la primaire républicaine, estime que si le Texas veut faire sécession, « c'est [son] choix[3] » !

Depuis une quinzaine d'années, le sentiment nationaliste se diffuse. Les écoliers texans doivent réciter, main sur le cœur, le « serment d'allégeance »... à leur État ! Lors des matchs de sport, les Texans se lèvent pour entonner leur hymne : « Texas, notre Texas ». En 2022, le parti républicain texan réclame dans son programme la tenue d'un référendum pour décider si l'État doit devenir de nouveau « une nation indépendante[4] ».

Le Texas n'est pas le seul État à être pris de convulsions sécessionnistes. De l'autre côté du spectre électoral, le Californie vibre aux sons des appels à l'indépendance.

Baptisé « CALEXIT, » le mouvement, né au lendemain de la victoire de Donald Trump en 2016, réclame aussi la sécession. Cette fois l'argument n'est pas historique, même si une République de Californie a été proclamée en 1846. Avec un PIB de 3 500 milliards de dollars, supérieur à celui de la France, la Californie est la cinquième puissance économique mondiale. Politiquement et même culturellement, elle n'est à nulle autre pareille. Laboratoire de l'expérimentation progressiste, l'État s'est créé sa propre identité.

Au Texas, en Californie ou ailleurs, ces appels à la sécession, expression d'une révolte identitaire, sont devenus le cri de ralliement des radicaux. Dans une majorité des cinquante États, entre 10 % et 30 % des électeurs se prononcent en faveur de l'indépendance, selon un sondage publié en février 2024. Un chiffre en constante augmentation. En Alaska, ce chiffre atteint 36 % des sondés[5].

À mesure que la crispation partisane s'ancre dans la culture du pays, l'identité politique de chaque État se renforce. Certains s'affichent ouvertement progressistes. La Californie, l'Oregon, le Vermont… D'autres revendiquent leur culture conservatrice. La Floride, le Texas, le Mississippi…

Face à cette radicalisation, à droite comme à gauche, des voix s'élèvent pour désunir le pays. Les États rouges – républicains – d'un côté. Les États bleus – démocrates – de l'autre. « Nous avons besoin d'un divorce national, s'échauffe la *congresswoman* de Géorgie, Marjorie Taylor-Greene, une proche de Donald Trump, dans un tweet en février 2023. Nous devons séparer les États rouges des États bleus et réduire la taille du gouvernement fédéral. »

À gauche, certains réclament la fin de la « dictature des conservateurs ». *The Nation*, un magazine fondé en 1865 par les abolitionnistes du Nord et encore lu par les membres de la gauche radicale, publie un appel à « la sécession des États bleus ». Ce cri d'alarme retentit à gauche comme un branle-bas de combat[6]. L'auteur, un professeur de droit new-yorkais, réclame que les États démocrates quittent l'Union qu'il décrit comme une kleptocratie conservatrice. « Ce sont les États bleus, en fait, qui sont légitimes à réclamer la sécession, parce que le système politique américain favorise de manière systémique les États conservateurs en leur transférant l'argent public et le pouvoir, au détriment des intérêts de la majorité de la population », écrit Nathan Newman.

Quand la division partisane prend une dimension territoriale, c'est la définition de la société politique qui est contestée. Une question se pose : La crispation entre Américains est-elle en train de saper les fondements des États-Unis ?

La sécession au cœur de l'identité américaine

Contrairement à une idée reçue, l'Union américaine n'a jamais été une évidence. La lente maturation de l'identité nationale a souvent fracturé la trajectoire du pays.

La question de l'Union – et donc celle de la désunion – a constamment structuré le rapport à la nation. À travers les siècles, les Américains se sont d'abord définis les uns par rapport aux autres. Et plus souvent encore, les uns contre les autres. Ce n'est que de manière occasionnelle qu'ils se sont pensés unis.

Enracinée dans son histoire, la sécession a toujours été constitutive de l'identité américaine. Elle a façonné le pays. Les États-Unis se sont affirmés par la sécession. Puis contre elle. L'Union sans l'unité a défini la trajectoire de ce pays-continent.

Dès son acte de naissance en 1776, l'identité américaine ne se pense qu'en opposition à la puissance coloniale. Elle se construit surtout de manière locale. Un Américain de Virginie n'a pas grand-chose en commun avec son « voisin » du Massachusetts, sauf quand il fait face aux tuniques rouges britanniques.

Dans l'esprit de la plupart des Pères fondateurs, l'Union américaine n'était pas un objectif en soi. Ce n'était qu'un moyen, nécessairement temporaire, pour obtenir l'indépendance. Benjamin Rush, l'un des Pères fondateurs, avait d'ailleurs prononcé cette phrase prémonitoire : « Les États d'Amérique ne seront jamais une nation sans une guerre. »

Avant même l'indépendance, la rivalité entre les colonies menace de dégénérer. À la fin du XVIIIe siècle, la concurrence commerciale entre le port de New York et ceux de la Nouvelle-Angleterre exacerbe les tensions à mesure que l'émancipation se profile. Sous forme d'avertissement, Philip Livingston, un élu de New York, prévient le futur président John Adams, originaire de Boston, qu'en cas d'indépendance « nous allons immédiatement plonger dans des guerres civiles pour savoir quelle province gouvernera les autres[7] ».

À cette époque, personne n'imagine vraiment l'Union des colonies. Quelques décennies plus tôt, elles s'étaient même violemment opposées à un projet d'unification voulu par Londres : en 1689, la couronne britannique tente de rassembler ses provinces d'Amérique dans un seul *Dominion*, appelé Nouvelle-Angleterre. L'intégration aurait permis de mieux coordonner les politiques commerciales, de régler les disputes territoriales et de résister aux attaques des troupes françaises, qui possédaient à l'époque un tiers du continent nord-américain.

C'était sans compter la rivalité entre les populations locales. Les différentes colonies estiment n'avoir rien en commun. Entre les calvinistes moralisateurs de Boston et les quakers abstinents de l'ouest du Massachusetts, entre les Highlanders écossais du West Jersey, les huguenots français de New Rochelle ou les commerçants hollandais du port de New York, personne ne se sent lié par un destin commun. Chaque potentat veut surtout préserver le contrôle de son territoire. À Boston, la rébellion s'organise. Hors de question d'être rassemblés dans un grand *Dominion*. La révolte gagne New York. Devant le rejet de l'unité américaine, Londres fait marche arrière.

Même la menace indienne à la frontière des Appalaches ne suffit pas à convaincre les colonies de s'unir. Les luttes intestines se multiplient. Elles vont perdurer. Le Maryland, refuge des catholiques persécutés, refuse de s'associer à la Virginie établie par des riches planteurs avides de profits. À cause d'une dispute territoriale, New York et le New Jersey sont au bord de la guerre. Les Carolines, fondées par des propriétaires terriens venus des Caraïbes, se déchirent, forçant leur partition. Rien n'y fait. L'Union reste une chimère dont personne ne semble vouloir. L'hostilité est si notoire que l'avocat James Otis déclare à l'époque : « Si demain, les colonies étaient abandonnées à leur sort, l'Amérique serait réduite à un amas de sang et de confusion[8]. »

Seule la menace des corps expéditionnaires français le long de la rivière Ohio redonne espoir aux partisans de l'unité. Dans son journal *The Pennsylvania Gazette*,

Benjamin Franklin publie en 1754 un retentissant plaidoyer pour l'Union, qu'il intitule « Join or Die » : « S'unir ou mourir ». Sous son impulsion, vingt-cinq délégués esquissent un projet d'association qu'ils soumettent aux différentes législatures.

D'un revers de la main, les colonies rejettent le texte. Aucune ne veut céder son pouvoir à une fédération. Pour le législateur du Maryland, l'Union « tend vers la destruction des droits et des libertés ». Benjamin Franklin se lamente de voir les colonies moins unies entre elles que les tribus iroquoises. « C'est une chose étrange que de voir six nations de sauvages ignorants former une union… alors qu'elle est irréalisable par dix ou douze colonies anglaises[9] », écrit-il. Et de conclure : « J'ose affirmer qu'une Union entre ces colonies n'est pas seulement improbable. Elle est impossible[10]. »

C'est finalement une sombre histoire d'impôt qui va permettre à l'Union de voir le jour. Sortie victorieuse mais ruinée de la guerre de Sept Ans, la Grande-Bretagne envoie la facture aux colonies. Londres inflige de nouvelles taxes, réprime la contrebande et lève un impôt sur la publication des actes juridiques : le fameux *Stamp Act*. Ce matraquage fiscal révolte les Anglais d'Amérique. Partout, la rancœur monte. La sanglante répression rapproche les colonies rivales.

Rassemblés dans une taverne de Philadelphie, quarante-cinq représentants hurlent leur désir d'émancipation. Le vieux Franklin exulte : « La Grande-Bretagne a enfin trouvé le moyen de nous unir ! »

Le 4 juillet 1776, le Congrès continental ratifie la Déclaration d'indépendance. À l'unanimité... Ce long exposé juridique établit un principe : l'autorité d'un gouvernement doit se fonder sur le consentement du peuple. Quand celui-ci disparaît, le gouvernement perd sa légitimité. L'émancipation devient nécessaire.

Cette idée va laisser une empreinte séditieuse dans la culture politique du pays. Comme si les Américains avaient un devoir de révolte. C'est sur ce droit à l'autodétermination que onze États ont justifié leur sécession en 1861. Aujourd'hui encore, la plupart des discours séparatistes se réfèrent à l'idéal de 1776. L'Union n'a jamais été une évidence!

Une fois l'indépendance acquise, les treize nouveaux États ne mettent pas longtemps à s'entredéchirer. Ils ne sont d'accord sur rien, à part ne plus être anglais. Les Pères fondateurs se gardent bien de définir les contours de cette association d'États « libres et indépendants ». Incapables de trouver un arrangement, ils évitent soigneusement d'écrire les mots « fédération », « confédération », « rassemblement », « alliance » ou « ligue » dans la Constitution.

La question des institutions divise les nouveaux États : Comment organiser la République? Doit-elle être une association d'États souverains ou doit-elle se doter d'un gouvernement central fort? Les treize États sont-ils égaux entre eux? Les petits l'exigent. Les puissants le refusent. Le doute s'installe.

Très vite, l'indépendance, arrachée de haute lutte, laisse un goût amer. Les coffres du pouvoir fédéral sont vides. Aucun État ne veut payer les dettes des autres. À quoi bon cette Union si personne ne contribue à son budget ? Devant l'incapacité du Congrès à s'imposer, le président Washington se lamente. Il décrit l'Union comme « une parfaite nullité » tant que « treize États souverains, indépendants et désunis » refusent de se soumettre au gouvernement fédéral[11].

Les premiers appels à la désunion apparaissent dans la presse. La défiance se répand. « La vraie question à présent est de savoir si les États du Sud vont faire partie ou non de l'Union », déclare John Rutledge, un élu de la Caroline du Sud à la tribune de la Chambre des représentants en 1787[12]. Le fossé entre les États laisse apparaître une fracture irréconciliable.

Entre 1774 et 1804, tous les États du Nord abolissent l'esclavage. Ceux du Sud continuent la traite des Noirs. À cette époque, la Virginie compte près de 300 000 esclaves, soit 40 % de sa population. Il n'y en a déjà plus au Nord. L'économie des États du Sud, principalement fondée sur la culture du tabac, du coton et du maïs, repose largement de cette main-d'œuvre asservie.

La sécession n'est jamais loin

Étonnamment, c'est la question de l'esclavage qui va éviter un éclatement précoce de l'Union.

L'alignement des intérêts économiques des États du Nord, qui veulent préserver le commerce, et de ceux du Sud, qui veulent conserver l'esclavage, fait émerger un compromis. Contre le droit de faire voter des lois sur le commerce à la majorité simple, les États du Nord accordent à ceux du Sud la possibilité de continuer à importer légalement des esclaves. Commerce contre esclavage. Capitalisme contre servitude. Ce compromis – cette compromission – va marquer au fer rouge l'Union américaine.

« Se désunir serait, de mon point de vue, terrible. Mais si terrible que ce soit, je considère cela comme moins pire qu'une Union dans le présent état », écrit Henry Lee, gouverneur de Virginie, à James Madison[13]. L'Amérique commence à se fracturer. Nordistes contre sudistes. Fédéralistes contre républicains. Proanglais contre profrançais*. Dépité, le président John Adams confesse : « Nous sommes un peuple désuni et malheureux[14]. »

La sécession est perçue comme un acte légitime. Après tout, le droit à l'autodétermination est inscrit dans la loi fondamentale. Le futur président Thomas Jefferson estime qu'il vaut « mieux rompre avec cette Union que nous estimons tant, plutôt que d'abandonner le droit à

* Les fédéralistes proanglais étaient favorables à l'établissement d'un gouvernement central fort. George Washington et Alexander Hamilton animent ce mouvement politique. Les républicains profrancais, emmenés par Thomas Jefferson et James Madison, exigent plus de pouvoir pour les États face à un gouvernement fédéral dont ils veulent limiter l'autorité.

l'autodétermination » qu'il voit comme la seule forme de protection de la liberté[15].

Contrairement aux idées reçues, ce sont les États du Nord, et non ceux du Sud, qui agitent les premiers la menace de la sécession. Dès 1796, la gazette *The Connecticut Courant* lance un appel à la désunion des États du Nord[16]. Inquiets de la dérive esclavagiste du Sud, plusieurs élus refusent la perte d'influence de la Nouvelle-Angleterre. « S'ils veulent nous briser, au nom de Dieu, abandonnons l'Union, rétorque le futur président John Quincy Adams. J'aime l'Union autant que j'aime ma femme. Mais si ma femme me demande avec insistance une séparation, qu'elle l'obtienne, même si ça me fend le cœur[17]. »

D'autres évoquent ouvertement la création d'une confédération du Nord. « Les principes sur lesquels est fondée notre révolution nous offrent la solution : une séparation », clame l'ancien secrétaire d'État Timothy Pickering[18]. Ce dernier organise même une convention pour que soit établie une « nouvelle confédération libérée de la corruption et de l'oppression aristocratique (des républicains-démocrates) du Sud ». Il prévient en 1804 : « Il y aura séparation[19]. » « Je préserverais l'Union des États si cela était possible, écrit l'élu du Massachusetts. Mais je ne serai pas dupe un instant. À mes oreilles, le mot Union n'a rien de magique. Si le grand objectif de cette Union est totalement abandonné… alors rompons cette Union ! Une telle rupture ne me fait pas frémir[20]. »

Les États ne sont plus tout à fait unis. Ils le sont encore moins quand le président Jefferson, puis son successeur James Madison, deux sudistes, imposent un embargo commercial contre la Grande-Bretagne. Le décret frappe un grand coup au portefeuille des États côtiers du Nord, qui prospèrent grâce au commerce transatlantique. La colère se répand à mesure que les échanges commerciaux s'effondrent.

Soixante-dix villes du Massachusetts pétitionnent le gouvernement fédéral pour annuler l'embargo. Quand les États-Unis déclarent la guerre à l'Angleterre en 1812, plusieurs États hésitent. La presse publie des appels à la sécession. « La volonté qui était nécessaire en 1776 est nécessaire maintenant », déclare un éditeur du *Columbian Centinel*[21].

En juillet 1814, la ville de Newburyport dans le Massachusetts hisse un drapeau à cinq étoiles, représentant les cinq États de la Nouvelle-Angleterre. Les sécessionnistes ne se cachent plus. Furieux, Jefferson conseille à son successeur d'adopter une ligne ferme : « Si un État de l'Union déclare qu'il préfère la séparation, je n'ai aucune hésitation en disant : Séparons-nous[22] », écrit-il à William H. Crawford.

Face aux forces sécessionnistes et au dilemme de l'esclavage, certains tentent de sauver cette union imparfaite. Un accord est trouvé en 1820. Les États au nord du 36e parallèle pourront interdire l'esclavage. Ceux au sud pourront l'autoriser. Une nouvelle fois, le compromis ne satisfait personne.

Le célèbre abolitionniste William Lloyd Garrison réclame la dissolution des États-Unis. Entre la compromission morale et la pérennité de la fédération, son choix est fait. « Nous aurions dû offrir cette alternative aux maîtres d'esclaves depuis bien longtemps : soit vous abolissez l'esclavage soit nous allons dissoudre l'Union », écrit Garrison.

Cette radicalité va fermenter jusqu'à devenir une proposition politique. « Pas d'Union avec les maîtres d'esclaves » devient la devise des abolitionnistes. Certains réclament la sécession des États du Nord. D'autres se disent prêts à laisser partir les États du Sud.

L'influent éditeur du *New York Tribune*, Horace Greeley, refuse l'idée de maintenir l'union du pays de force. Si le droit à l'autodétermination « a justifié la sécession de 3 millions de coloniaux de l'Empire britannique en 1776, écrit-il, je ne vois pas pourquoi il ne justifierait pas la sécession de 5 millions de sudistes de l'Union fédérale en 1861[23] ».

Et l'ancien président John Quincy Adams de conclure : « Si ce jour devait arriver (que les cieux puissent l'éviter) quand les populations de ces États se seront aliénées les unes des autres [...]. Il sera fort préférable pour le peuple de ces États désunis de se séparer amicalement que de rester ensemble sous la contrainte[24]. »

C'est pourtant le contraire qui va se passer.

La guerre de Sécession, le tournant dans l'unité américaine

Face à l'intransigeance du Nord, plusieurs États du Sud annulent leur ratification de la Constitution et annoncent la dissolution de l'Union.

Au Nord, des voix s'élèvent pour laisser ces États prendre leur indépendance. Rutherford Hayes, le futur président des États-Unis, déclare même : « Laissons-les partir ! Une Union maintenue par la force, n'est pas une Union ! »

Pour éviter la guerre, certains proposent d'accélérer la séparation. Face au « danger imminent », le général Winfield Scott, le plus haut gradé de l'armée américaine, recommande une « séparation à l'amiable » en divisant le pays en quatre territoires qui suivraient « les frontières naturelles et les affinités commerciales[25] ».

Le coût économique d'une possible désunion fait trembler le port de New York. Sans l'accès aux marchandises du Sud, la ville risque la ruine. L'élection d'Abraham Lincoln en 1860 amorce un tournant. Convaincu de la mission émancipatrice de l'Amérique, le nouveau président décrit l'Union comme « le dernier meilleur espoir sur Terre[26] ». Entre la conciliation et la rupture, il choisit l'affrontement.

La guerre de Sécession dure cinq ans et coûte la vie à près de 700 000 Américains. Ce conflit reste pourtant l'affirmation la plus radicale d'un attachement à l'Union. Au lieu de laisser partir les États confédérés, le Nord les a retenus de force. Avant cette guerre civile, « l'Union n'était qu'un sentiment, rien de beaucoup plus », écrit le célèbre historien américain Henry Adams[27]. Après, elle devient une certitude.

La victoire clôt le débat. L'Union s'impose militairement. Juridiquement aussi. En rappelant la nature « indestructible » de l'Union, la Cour suprême légalise la permanence des États-Unis. Dans son célèbre arrêt « Texas vs White » de 1869, la Cour, présidée par Samuel P. Chase, considère que « l'union entre le Texas et les autres est aussi complète, aussi perpétuelle et aussi indissoluble que l'union entre les États originels. Il n'y a pas de place pour la reconsidération ou la révocation, sauf par une révolution ou le consentement de tous les États[28] ». Cette confirmation légale de la victoire militaire reste à ce jour le seul acte juridique établissant la nature indéfectible des États-Unis.

Après la folie destructrice, les historiens s'embarquent dans une réécriture de l'histoire, avec cette volonté d'euphémiser l'ADN sécessionniste du pays. D'une obsession partagée, la sécession est désormais présentée comme le caprice d'un Sud raciste, paresseux et égoïste. La désunion n'est plus perçue comme la matrice de l'identité américaine mais comme l'expression d'un séparatisme régional.

Si le Sud a perdu la guerre, il va pourtant gagner la paix. Pour conserver l'Union douloureusement sauvée, le Nord accepte une énième compromission : contre la reconnaissance de la victoire de leur candidat à la

Maison-Blanche en 1877, les républicains du Nord amorcent le retrait des troupes fédérales du Sud. La fin de l'occupation militaire signe le retour des sudistes au pouvoir. Ayant les mains libres, ils établissent un nouveau système de discrimination légale. La ségrégation remplace l'esclavage. Les Afro-Américains redeviennent des citoyens de seconde classe. L'Union est préservée au prix d'une grande trahison morale. Cette nouvelle discrimination renforce le terreau identitaire d'un Sud en rupture.

Face au progressisme politique des Yankees, les sudistes redéfinissent leur système de valeurs ouvertement conservateur, chrétien, rural et résolument antifédéral. Les ferments de la rupture à venir sont déjà présents dans le débat politique.

Chapitre 8
La désunion graduelle

Du large rectangle de briques rouges s'élève une imposante croix blanche. Perchée sur une petite colline, l'église est visible à plusieurs kilomètres à la ronde.

Il y a encore quelques mois, la congrégation méthodiste de Cabot se targuait d'être l'une des plus dynamiques d'Arkansas. Chaque dimanche, quelque cinq cents fidèles se pressaient pour assister au service de 11 heures dans cette banlieue de Little Rock. Aujourd'hui, l'église sonne vide. Dans les travées désertes, le pasteur intérimaire, un petit homme barbu à la voix douce, célèbre l'office devant une poignée de croyants.

En janvier 2023, une majorité de fidèles a claqué la porte. « Pour des raisons de conscience », ont-ils écrit dans l'acte de rupture signé par le pasteur historique de la paroisse, Stephen Dickinson. Connu pour ses prêches conservateurs, il a emmené ses ouailles pour fonder une nouvelle congrégation.

Au sein de la communauté méthodiste, conservateurs et progressistes ne se supportaient plus. Les fidèles ont alors mis au vote leur volonté de rupture. Deux tiers des voix étaient requis. Lors du vote, 79 % des fidèles ont opté pour la séparation.

Même Dieu ne peut empêcher la division… !

La congrégation de Cabot est loin d'être une exception. Sur les 635 églises méthodistes que compte l'Arkansas, 169 ont rompu les rangs. En mars 2023, la plus large congrégation de l'État, l'église de Fayetteville, dans laquelle se réunissaient quelque 2 000 fidèles, a décidé à son tour de se scinder en deux[1].

La révolte n'est pas circonscrite à cet État du Sud. Dans la banlieue de Dallas, au Texas, à une majorité de 98 %, les fidèles de l'église méthodiste de Saint-Andrews ont aussi voté la scission. Minée par les désaccords, cette communauté de 6 500 fidèles se déchirait sur les principes à suivre. L'aile conservatrice l'a très largement emporté.

Au Texas, 746 congrégations sur les 1 800 que compte l'État ont claqué la porte[2]. En Caroline du Nord, 249 églises ont fait de même. 169 en Louisiane. En avril 2023, 72 des 200 églises méthodistes de Floride ont voté à 93 % pour quitter l'Église méthodiste et former une nouvelle dénomination[3].

Sur les 30 000 congrégations que compte l'une des plus importantes dénominations protestantes du pays, près de 7 600, un quart, ont fait sécession[4]. Cette cassure dans la fraternité protestante reflète la profondeur de la polarisation politique. Selon une étude publiée en janvier 2024, 70 % des congrégations qui ont fait sécession se situent dans des États conservateurs. La plupart dans le Sud[5].

Si les apparences font croire à un différend théologique, les causes de cette discorde sont essentiellement politiques. Elles portent avant tout sur une question de société : l'homosexualité.

Les homosexuels ont-ils leur place dans cette religion protestante ? Peuvent-ils recevoir le sacrement du mariage ? Et surtout, la doctrine méthodiste les autorise-t-elle à être ordonnés prêtres ? À une aile progressiste, favorable à l'intégration de la communauté gay, s'oppose une aile conservatrice, partisane d'une vision traditionaliste de la religion. Les origines du conflit remontent à 1972, quand la Conférence générale de l'Église méthodiste ajoute au Livre de la Discipline cette mention : « La pratique de l'homosexualité est incompatible avec la doctrine chrétienne. » À l'époque, la mention ne fait pas débat. Tout le monde semble s'en accommoder. Elle est réaffirmée à chaque conférence générale jusqu'en 2019.

Cette année-là, dans une atmosphère électrique, les évêques réunis en conclave votent à une courte majorité le maintien du « plan traditionnel ». Sous les huées des progressistes, l'Église méthodiste réaffirme l'incompatibilité de l'homosexualité avec la foi protestante, le refus du mariage gay et l'interdiction de l'ordination des pasteurs « pratiquant ouvertement l'homosexualité ».

Dans les gradins, l'affrontement éclate. « Arrêtez de propager le mal », hurlent les conservateurs en faisant des signes de Satan. Leurs écharpes couleur arc-en-ciel en bandoulière, les progressistes leur répondent par un poing levé en signe de résistance. Devant l'acrimonie des débats, une disposition est ajoutée. Par un vote à la majorité des deux tiers, chaque congrégation aura le droit de quitter la dénomination pour « raison de conscience ».

L'aile gauche jure de faire front. Les progressistes exigent de rester dans l'Église. En signe de protestation, ils continuent d'ordonner des prêtres homosexuels et élisent comme évêque de la région Ouest un pasteur légalement marié à un autre homme. L'aile droite s'offusque de cette énième provocation.

La cohabitation devient impossible. L'impasse attise les tensions. Excédés, les traditionalistes décident de claquer la porte. En 2022, le divorce est consommé. Les conservateurs créent une nouvelle dénomination. Signe de l'incapacité du pays à engager le dialogue, l'Église méthodiste se scinde en deux. Cette fracture illustre les maux qui rongent cette nation en crise : le rejet du vivre-ensemble, la négation du pluralisme, l'incapacité au compromis.

Cette nouvelle scission fait écho aux heures sombres de la désunion américaine.

Les schismes religieux présagent les séparations politiques

Ce schisme n'aurait pas tant d'importance s'il ne concernait pas l'une des dénominations protestantes les plus importantes aux États-Unis. Neuf millions d'Américains adhèrent à cette doctrine religieuse fondée en 1735 par le pasteur anglais John Wesley. En nombre de fidèles, elle est la deuxième dénomination protestante après les baptistes.

C'est la seconde fois dans l'histoire de l'Église méthodiste qu'un tel schisme la déchire. Le dernier remonte à 1845, seize ans avant la guerre de Sécession.

Là non plus, la dispute n'avait pas pour origine un différend théologique, mais un sujet profondément politique : l'esclavage. Comme la plupart des congrégations protestantes, l'Église méthodiste avait officiellement pris position contre la pratique. Sans détour, elle condamnait « l'achat et la vente d'hommes, de femmes et d'enfants », selon les termes employés par le Livre de la Discipline.

En 1831, le synode de Cincinnati qualifie l'esclavage de « péché haineux » et de « scandale ». Si, dans les textes, l'esclavage est condamné, en pratique la question est enfouie sous un silence accommodant.

Fracturés entre pro et anti, le clergé comme les fidèles choisissent de mettre leurs différences de côté et de ne plus aborder le sujet.

Le débat s'envenime quand l'évêque de Géorgie, à la suite du décès de son épouse, hérite de plusieurs esclaves. Durant la conférence générale qui se tient à New York en 1844, les modérés s'emparent du sujet. À une majorité de 111 voix contre 69, ils censurent l'évêque et exigent sa démission, estimant que la pratique de l'esclavage « embarrasse grandement » l'exercice de son ministère. Face à ce qu'ils considèrent comme une agression, les méthodistes du Sud menacent de claquer la porte. Craignant qu'une remise en cause religieuse n'aboutisse à une remise en cause politique de l'esclavage, ils font officiellement acte de sécession.

Quelques mois plus tard, ils forment leur propre congrégation. « La division de l'Église méthodiste va montrer [...] que la tolérance du Sud a des limites », écrit alors un propriétaire d'esclaves dans le journal *The Southern Christian Advocate*[6]. Selon l'historien Philipp Stone : « Cette séparation a été un tournant dans la route vers la guerre de Sécession[7]. » Dans le sillage des méthodistes, les épiscopaliens puis les baptistes se divisent à leur tour.

Libérés de l'obligation qui les liaient à leurs frères du Sud, les chrétiens du Nord se sentent investis d'une nouvelle mission : diffuser un évangile plus inclusif. La dénonciation de l'esclavage devient une nécessité morale. Au nord comme au sud, les positions se radicalisent. Le compromis étant impossible, il faut aller au combat. Quelques années plus tard, onze États quittent l'Union. La guerre de Sécession débute.

À la lumière de la déchirure de 1861, une question devient pressante : le schisme de 2022 est-il annonciateur d'une rupture à venir ? L'histoire va-t-elle se répéter ?

Bien sûr, le protestantisme n'a plus la même influence sur la vie civique américaine. Au XIXe siècle, l'Église méthodiste, qui comptait 10 000 congrégations, était la dénomination religieuse la plus importante du pays. Les membres de son clergé étaient aussi nombreux que les employés de la poste[8]. Ce n'est plus le cas aujourd'hui. Les églises protestantes ont subi un lent déclin.

Mais l'histoire nous apprend que les ruptures religieuses présagent souvent des maux à venir.

La « sécession graduelle »

Si la menace sécessionniste a toujours fait partie du répertoire électoral des populistes, elle prend aujourd'hui une nouvelle dimension.

Malgré les éructations de certains agitateurs, aucun État n'est pour le moment prêt à prendre son indépendance. La Californie ne va pas quitter l'Union dans un avenir proche. Ni le Texas. Si les pulsions sécessionnistes existent, elles restent encore minoritaires. Mais elles annoncent un avenir sombre. La dynamique sécessionniste est enclenchée. Ne pas la comprendre, c'est risquer l'aveuglement.

Le pays est en proie au déchirement. La loi ne fait plus consensus. La polarisation partisane a fait émerger les prémices d'un processus de séparation. Ce que j'appelle une « sécession graduelle ». Loin d'être brutale, cette sécession s'accomplit progressivement. Partout. À tous les niveaux. Elle traverse les États, divise les communautés. Elle oppose urbains et ruraux, riches et pauvres, Blancs et Noirs, républicains et démocrates. Cette nouvelle sécession est avant tout civique.

Elle s'exprime par des actes de rébellion subreptices. Une contestation larvée. Un refus d'appliquer la loi. Elle s'affirme par une récusation du vivre ensemble. Un repli sur soi. Un désir de communautarisme assumé. Elle ne pose pas les bases d'une insurrection territoriale – pas encore –, mais elle crispe le pays.

« De la même façon qu'il existe plusieurs manières de sortir d'un mariage avant un acte formel de divorce, il y a aussi plusieurs manières de s'extraire d'une nation avant une sécession officielle », écrit Michael Lee, professeur et historien, dans une tribune qu'il intitule « La Sécession est déjà là[9] ».

Les multiples formes de repli évoquées dans ce livre actent le rejet assumé de la communalité. La radicalisation des postures politiques laisse les Américains prisonniers d'une guerre sans compromis possible. Un peu partout, le pays se morcelle. Il s'effrite en milliers de petits bouts. Les communautés se fractionnent et se recroquevillent sur elles-mêmes. Ce repli sur soi cimente la rupture. Il affirme le refus de toute coopération.

Ce réflexe sécessionniste contamine tous les échelons de la vie civique, jusqu'à l'éducation des enfants.

Cornelius, en Caroline du Nord, est une ville de 31 000 habitants à majorité blanche et conservatrice. Nichée dans un comté démocrate, plutôt pauvre et avec une forte minorité afro-américaine, la municipalité a toujours voté républicain. Pour protester contre les mauvais résultats des écoles publiques et pour dénoncer l'incurie des fonctionnaires locaux, les parents des collégiens de la ville ont pris une décision radicale. En 2018, ils ont fait sécession. Dans un vote à la quasi-unanimité, la municipalité a estimé que la ville serait mieux servie en ne faisant plus partie du rectorat du comté de Mecklenburg.

La raison officielle : les résultats scolaires des élèves de la ville sont bien supérieurs à ceux du reste du comté. La vraie raison est ailleurs. Les élèves de Cornelius sont à 91 % blancs. Le revenu moyen de la ville est deux fois supérieur à celui du reste du comté. Les habitants disent vouloir reprendre le contrôle des affaires locales. En fait, ils veulent arrêter de payer pour un système éducatif public qui sert une population avec laquelle ils veulent couper les ponts. Aux États-Unis, c'est la taxe foncière qui finance l'enseignement public.

Cornelius n'est pas la seule ville des États-Unis à avoir pris son indépendance éducative. Depuis 2000, à travers le pays, un vaste mouvement de sécession scolaire s'est amorcé. Cent vingt-huit municipalités ont tenté de prendre leur autonomie. Soixante-treize ont réussi dans une trentaine d'États[10]. Et le mouvement s'accélère. Dans les trois dernières années, une dizaine de villes ont de nouveau fait sécession.

Cette tendance vers une reségrégation politique est un bras d'honneur à la plus importante décision de la Cour suprême, « Brown v. Board of Ed. » qui ordonna en 1954 la déségrégation forcée de toutes les institutions scolaires du pays.

Le mouvement ne s'arrête pas là. Parfois le sécessionnisme scolaire se transforme en sécession municipale. En 2012, les 8 000 habitants de l'enclave blanche et conservatrice du quartier de Saint-George en Louisiane obtiennent l'autonomie scolaire en se séparant du rectorat de la ville de Baton Rouge, à majorité noire et démocrate[11]. Ce qui n'était qu'une rébellion contre les mauvais résultats des écoles municipales va se transformer en un mouvement plus profond. Et plus radical. Pris d'une fièvre séparatiste, les habitants du quartier affirment vouloir claquer la porte de la municipalité de Baton Rouge. Un bras de fer s'installe. En 2019, les habitants de Saint-George organisent un référendum. Pour ou contre la rupture. Les partisans de la séparation l'emportent haut la main.

En 2024, à une courte majorité, la Cour suprême de Louisiane valide les résultats du référendum. La plus haute juridiction de l'État estime que les habitants d'une ville ou d'un quartier ont le droit de faire sécession pour former leur propre communauté politique. Ce droit constitutionnel ne pourrait être contesté[12].

À travers le pays, le mouvement de rébellion est profond. Il s'organise. Des quartiers entiers réclament le droit de constituer leur propre municipalité. La raison de cette révolte est souvent politique.

À San Diego, c'est le quartier chic de La Jolla qui veut prendre son autonomie. Une majorité des 50 000 habitants de cette enclave balnéaire et républicaine se disent excédés par l'incurie administrative de la municipalité démocrate. À New York, ce sont les habitants de l'île de Staten Island qui clament leur volonté de former leur propre municipalité. L'île de 380 000 habitants, aussi peuplée que Miami ou Pittsburgh, est le seul bastion républicain de la ville. Et les conservateurs new-yorkais ne veulent plus être gouvernés par les démocrates[13].

En mai 2024, plus de 91 % des habitants du quartier de Lost Creek, la dernière enclave républicaine d'Austin, au Texas, se prononcent en faveur de la sécession. Excédés par l'augmentation de la criminalité et la mauvaise gestion de l'administration démocrate, les habitants du quartier veulent former leur propre ville.

En Géorgie, le quartier huppé de Buckhead a voulu couper les ponts avec la ville d'Atlanta, arguant que les impôts municipaux ne servent qu'aux arrondissements défavorisés. Ce séparatisme municipal a provoqué un tel remous dans l'État de Géorgie qu'il a fallu un vote du sénat local pour museler, au moins temporairement, les séparatistes municipaux[14].

La Californie veut en finir avec certains programmes fédéraux

La révolte sécessionniste s'exprime aussi par une volonté de se retirer de la gestion des affaires fédérales. L'acte le plus radical vient de Californie. S'il est mené à son terme, il pourrait saper les fondements du gouvernement fédéral.

À l'automne 2023, le gouverneur de Californie promulgue une loi qui amorce la création d'un système de santé public, une sorte de sécurité sociale à la française. Mais uniquement dans son État[15]. Si le processus va au bout, les citoyens devront obligatoirement souscrire à une assurance médicale publique. La loi prévoit également d'exclure les compagnies privées en leur interdisant de faire concurrence au système public.

Proposée par des élus démocrates, cette réforme reviendrait à « nationaliser » le marché de la santé en Californie, lequel représente 20 % de l'économie locale. Après dix tentatives, les démocrates ont enfin réussi à faire approuver par les deux Chambres de leur congrès local ce projet de réforme.

Cette proposition n'est rien d'autre qu'un appel à la sécession. Pour que la Californie puisse transformer son système d'assurance maladie, il faudra qu'elle sorte du système fédéral et donc qu'elle reprenne son indépendance dans la gestion de ce budget. Les fonctionnaires de l'État ont fait chauffer leur calculatrice. Selon eux, la création d'une sécurité sociale à la française coûterait à la Californie autour de 350 milliards de dollars[16] ! Une somme gigantesque, supérieure au budget de l'État.

Pour financer ce programme, la Californie n'aurait donc pas le choix. Il lui faudra d'abord augmenter les impôts. Préalablement à toute discussion. Mais il lui faudrait surtout récupérer l'argent qu'elle verse chaque année au gouvernement fédéral pour financer les programmes de santé comme les fameux *Medicare* et *Medicaid*.

Or la Californie est le plus gros contributeur au budget fédéral. 12 % des revenus fédéraux proviennent des poches des contribuables de Californie. Chaque année, ils signent un chèque de 378 milliards de dollars à Washington, dont 200 milliards uniquement pour financer le système de santé national[17]. Si la Californie arrêtait de financer ces programmes, tout le système de santé fédéral risquerait la faillite. La crise serait sans précédent.

Pour sortir du système fédéral, la Californie devra demander la permission à Washington, en réclamant une « exemption[18] ». En 2020, l'administration Trump avait déjà envoyé une fin de non-recevoir à la Californie, affirmant que Washington n'accepterait jamais une telle mesure. Débute le dilemme juridique[19].

La Constitution américaine donne-t-elle le droit à Washington de rejeter une demande d'exemption ? Il n'existe aucune disposition dans la Constitution qui confère au gouvernement fédéral juridiction sur les affaires de santé publique. Si la Californie venait à se retirer du système fédéral, rien n'empêcherait d'autres États de le faire.

Le casse-tête budgétaire deviendrait insoluble. Les dépenses de santé représentent un peu plus d'un quart du budget fédéral. Chaque année, Washington débourse quelque 1 500 milliards de dollars pour financer le système de santé. Si le gouvernement fédéral devait abandonner cette prérogative, son pouvoir serait atrophié. Les États se retrouveraient plus puissants que Washington. L'équilibre institutionnel deviendrait bancal.

Cette volonté d'autonomie reflète la pulsion communautaire qui saisit le pays. Elle illustre le délitement du lien social et la reségrégation politique qui en découle.

« *La désunification de l'Amérique* »

La devise des États-Unis s'affiche partout. Sur les frontons des édifices publics. Sur les billets de banque. Sous la coupole du Capitole. Treize lettres, comme les treize colonies américaines : *E pluribus Unum*. « De plusieurs, un seul » !

Derrière cette unité de façade se cache pourtant un esprit de division qui se répand dans toutes les anfractuosités de la société. Au niveau national comme au niveau local, l'Amérique se vide de son sens.

Pendant longtemps, le pays a vécu au diapason de la « grande uniformisation ». Amorcées par le New Deal, les révolutions automobile, téléphonique et télévisuelle ont permis l'émergence d'une classe moyenne, d'une culture de masse et d'une société des loisirs. C'est l'époque de la standardisation et des fast-foods. Celle des grandes marques et des chaînes internationales. McDonald's et Coca-Cola imposent la puissance américaine. Hollywood façonne les référents communs. Le consumérisme devient un mode de vie. De Los Angeles à Boston, on achète et on dépense de la même manière. La consommation de masse prend des airs de communion. Elle affermit l'identité nationale. La rend tangible. Être américain devient une promesse. S'enrichir pour dépenser. Les citoyens partagent enfin des valeurs identiques.

La crise des années 1970 et 1980 va avoir raison de ce mouvement d'unification. L'impuissance de Washington à répondre au déclassement social va amorcer la fragmentation de nombreuses communautés. La contestation, initiée par les traumatismes du Vietnam, du Watergate et des chocs pétroliers, transforme le rapport à l'autorité, au pouvoir et à la domination. La gauche se rebelle. La droite aussi. Ensemble, elles récusent la norme et le système de valeurs. La sédimentation culturelle devient un carcan. Elle se retrouve contredite. D'abord lentement. Puis plus profondément. Démuni face à la crise sociale, le pays se divise. Les Américains se recroquevillent sur eux-mêmes.

La crise de compétence des années 1970 laisse place à la crise de confiance des années 1980. La peur du chômage. Le coût induit de l'inflation. Les crispations raciales. Ces dynamiques provoquent un repli communautaire. D'une société basée sur la certitude et la sécurité, l'Amérique se transforme en une société fondée sur le doute et la défiance. Doute envers les élites. Défiance face à l'État. Méfiance du pouvoir. Toutes les institutions qu'elles soient politiques, sociales, scientifiques, académiques, médiatiques ou même religieuses se retrouvent contestées par leur propre base.

La financiarisation de l'économie américaine, provoquée par la globalisation des mouvements de capitaux, va finir de déstructurer l'organisation sociale héritée du New Deal. La libéralisation des échanges, les délocalisations massives et la métropolisation de l'économie détricotent le tissu industriel, filet de sécurité de la classe moyenne. À coups de délocalisation et de fermeture d'usines, l'Amérique périphérique s'enfonce dans la crise.

Ravagées par deux décennies de politiques de dérégulation, des communautés entières se vident de leurs forces vives. Brutalisée, la classe moyenne se paupérise. Des phénomènes de dislocation sociale apparaissent. L'accroissement des inégalités et la concentration des richesses distillent un sentiment d'abandon à travers la société américaine.

Le mouvement n'est pas propre aux États-Unis. Comme en France, les fractures issues de la difficile intégration de l'appareil de production à l'économie-monde accélèrent la polarisation de l'offre politique.

En 1992, le célèbre historien Arthur Schlesinger décèle les prémices d'une division nationale. Il l'expose dans un ouvrage visionnaire intitulé *La Désunification de l'Amérique*. Voici la manière dont cet observateur de la singularité américaine décrit la dérive de l'identité nationale : « *E Pluribus Unum*, de plusieurs un seul. Les États-Unis ont eu une solution brillante à la fragilité inhérente, à la combustibilité inhérente d'une société multiethnique : la création d'une toute nouvelle identité nationale [...] qui absorbe et transcende les diverses ethnicités qui arrivent sur nos rivages, ethnicités qui enrichissent et façonnent notre culture par le simple fait d'en faire partie[20]. » Schlesinger comprend que le compas national se dérègle. Les oppositions se sédimentent. Le multiculturalisme, fondement du vivre-ensemble, s'efface au profit de ce que Schlesinger appelle « le culte de l'ethnicité ».

« À la place d'une nation composée d'individus faisant leur choix sans entrave, poursuit l'historien, l'Amérique se conçoit de plus en plus comme étant composée de groupes dont la matrice ethnique est plus ou moins irréversible. Le dogme multiethnique abandonne son objectif historique et remplace l'assimilation par la fragmentation, l'intégration par le séparatisme. »

Et de conclure : « Tout cela diminue le *Unum* et glorifie le *Pluribus.* » Les causes profondes de cette pulsion sécessioniste fermentent depuis longtemps. Aggravée par les crises successives, elle s'apparente à une remise en cause du vivre ensemble. Qu'elle s'exprime de manière territoriale ou non, la polarisation politique qui transit l'Amérique sabote dangereusement les fondements du projet national.

Chapitre 9
Les séparatismes locaux

Le message est visible à des centaines de mètres.

Au détour d'un lacet de bitume, ancré sur le flanc d'une colline, un gigantesque panneau surplombe la lande forestière. Écrites en majuscules, d'immenses lettres rouges hurlent une injonction menaçante : « Déplacez la frontière de l'Oregon ! »

La sommation est à l'adresse de la classe politique. Les habitants de ce comté rural veulent faire sécession. Et ils le font savoir ! Ils ne réclament pas l'indépendance. Ni l'autonomie. Ces Américains veulent rompre avec leur État, l'Oregon, pour être rattachés à l'Idaho voisin. À travers la région bourgeonnent des pancartes similaires. Le long des routes quasi désertes, au milieu des plaines arides ou devant les maisons en bois peint. Partout, les séparatistes affichent leur cri de ralliement : « Déplacez la frontière ! »

Vers une partition de l'Oregon ?

Dans ce coin tranquille de l'Ouest américain, la température politique est montée d'un cran. Niché le long de la côte pacifique, coincé entre la Californie et l'État de Washington, l'Oregon a pourtant la réputation d'être un État sans problème. Cette région grande comme la moitié de la France mais seulement peuplée de 4 millions d'habitants fait rarement parler d'elle.

Depuis quelques années pourtant, elle semble saisie d'une fièvre sécessionniste. Les séparatistes veulent scinder l'État en deux. Les comtés urbains et démocrates d'un côté. Les comtés ruraux et républicains de l'autre. Les premiers, ratatinés le long de la côte pacifique, resteraient dans l'Oregon progressiste. Les autres, situés à l'est de l'État, seraient rattachés à l'Idaho conservateur. Leur objectif est simple : chacun chez soi !

Selon leur proposition, la frontière entre les deux États, vieille de 163 ans, serait déplacée de 350 kilomètres plus à l'ouest. La moitié de la superficie de l'Oregon serait transférée. Un territoire gigantesque mais désert. Seuls 400 000 habitants seraient concernés, à peine 10 % de la population. Les séparatistes ont pris soin d'exclure la grande ville de Bend et ses 100 000 habitants. Il faut dire qu'avec ses cafés branchés, ses *latte* au miel de lavande à 6 dollars et ses studios de tatouage, cette municipalité de gauche fait tache au centre de la région. Cette rébellion conservatrice est d'abord un rejet de la majorité urbaine et progressiste.

Le crâne pelé et la casquette vissée sur la tête, à 70 ans passés, Mike McCarter réclame la sécession. Pour lui, c'est la seule solution. Ce vétéran de l'US Air Force, devenu gérant d'un club de tir préside le mouvement séparatiste « Citoyens pour un Grand Idaho ». C'est lui qui depuis plusieurs années organise cette insurrection civique.

Son labrador noir et un border-collie à ses pieds, McCarter m'explique que son initiative est avant tout un bras d'honneur à la classe politique locale. Face au mépris affiché des urbains, face au dédain des progressistes, les campagnes doivent se révolter. Le point de non-retour est atteint : « Les législateurs de l'Oregon n'en ont rien à foutre de nous. Ils sont élus par les urbains et leur agenda est différent du nôtre, m'explique-t-il. Quand je les rencontre, ils me disent tous la même chose : “On t'entend, Mike, mais les autres ont plus de voix que toi[1].” »

Lorsque je lui demande des exemples, McCarter me sort une longue liste de lois qu'il juge inutiles, inefficaces ou tout simplement insultantes. Il cite pêle-mêle la dépénalisation des drogues dures votée à Portland, ou les taxes sur le diesel et l'interdiction des ventes de véhicules thermiques dès 2030. Une aberration pour ces ruraux qui, comme lui, vivent à plusieurs heures de route d'une grande ville. Une autre proposition de loi l'insupporte. Celle qui veut limiter la chasse et la pêche pour protéger les animaux sauvages. Autant de lois « fabriquées par les urbains et les gauchistes qui se contrefichent de nos vies », me lance-t-il.

Et puis, il y a les nouvelles restrictions sur les armes à feu. Elles prouvent, qu'« ils ne nous comprennent vraiment pas », ajoute McCarter. Dans la campagne de La Pine où résident Mike McCarter et 2 500 habitants, seulement cinq policiers patrouillent ce large territoire rural. Il leur faut parfois plus d'une heure pour arriver sur place. Ici, la majorité des habitants vivent armés. Par tradition autant que par sécurité. Limiter le droit de posséder une arme, m'explique-t-il, serait une déclaration de guerre. Comme pour afficher ses convictions, McCarter a accroché le vieux Remington de son grand-père au mur de son salon. Pour lui, l'Ouest américain est menacé. L'esprit de conquête. L'Amérique des grands espaces. Celle du labeur, de l'effort et de la responsabilité individuelle.

« Ce n'est pas une question politique. C'est une question de mode de vie, de valeurs, m'explique-t-il. Notre cause est profondément américaine. C'est notre droit de choisir notre gouvernement. On ne veut pas d'un gouvernement qui n'en a rien à faire de nous. Nos valeurs traditionnelles ne sont plus en phase avec celles de l'Oregon. On veut partir ! »

Bien sûr, ces revendications séparatistes peuvent paraître illusoires tant la procédure de sécession est compliquée. Pour qu'un comté puisse rompre avec son État et fusionner avec un autre, il faut un vote des législatures des deux États. Puis un vote de chacune des Chambres du Congrès fédéral à Washington. Dans le passé, plusieurs frontières ont été modifiées.

En 1820, les habitants de la partie septentrionale du Massachusetts votent en faveur de la création du Maine, qui devient le 23e État de l'Union. Pendant la guerre de Sécession, une cinquantaine de comtés appartenant à la Virginie sudiste mais opposés à l'esclavage se rassemblent pour créer la Virginie-Occidentale.

McCaster le sait, l'Oregon ne laissera jamais partir la moitié de son territoire sans résister. Et pourtant, ce mouvement séparatiste a déjà réussi là où tous les autres ont échoué. Depuis trois ans, son association interpelle les élus, rameute la population et multiplie les pétitions. Elle organise des réunions publiques, essaime des pancartes un peu partout dans l'État. Ce labourage politique commence à payer. Plusieurs référendums d'initiative populaire ont été organisés. Avec toujours la même question : Voulez-vous rester dans l'Oregon ou rejoindre l'Idaho ?

Sur les 15 votes, 13 comtés se sont prononcés pour la séparation. Le dernier en mai 2024[2]. Plus d'un tiers des 36 comtés de l'Oregon a voté en faveur de la sécession. Le mouvement semble prendre de l'ampleur.

Un élu local, Dennis Linthicum, a déposé un projet de loi pour que les comtés sécessionnistes rejoignent l'Idaho. Sa proposition a été rejetée en commission. En octobre 2023, une délégation de l'Idaho a rencontré des élus de l'Oregon pour discuter d'un éventuel transfert de territoire. À l'origine de l'initiative, Barbara Ehardt, une élue conservatrice, n'en démord pas. L'Oregon ayant tourné le dos à ces comtés conservateurs, leur volonté séparatiste se justifie entièrement : « Quand une assemblée législative adopte des lois qui sont inconstitutionnelles, qui légitiment le désordre, qui forcent des éleveurs et des agriculteurs à mettre la clé sous la porte, m'explique cette élue de l'Idaho ; quand ce gouvernement refuse d'écouter ces citoyens et continue d'appliquer une politique qui leur est hostile, ils ont le droit de demander réparation. Ils sont en droit de réclamer d'être gouvernés par une autre entité[3]. »

Majorité urbaine contre minorité rurale

Comme beaucoup d'États, l'Oregon a subi de plein fouet la métropolisation de l'économie américaine. En trente ans, la population de l'agglomération de Portland a doublé, passant de 1 à 2 millions d'habitants. La région côtière, qui n'occupe que 4 % de la superficie de l'État, concentre plus de la moitié des habitants. D'une économie principalement basée sur l'élevage et l'exploitation des ressources naturelles, l'Oregon est devenu un aimant pour l'investissement industriel. Start-up, technologies de pointe, économie du savoir, entreprises de services. Le commerce avec l'Asie dynamise l'économie locale. Le PIB de l'État a doublé en vingt-cinq ans. Il dépasse aujourd'hui les 234 milliards de dollars, dont près de 80 % (184 milliards) proviennent de l'agglomération de Portland.

Plus développée, plus riche aussi, Portland domine. La métropole décide de tout. S'occupe de tout. Mais ne se soucie que de sa propre croissance[4]. Son poids dans l'équilibre politique laisse un goût amer aux électeurs ruraux. Beaucoup se sentent oubliés. Signe du désintérêt de la législature, en 2008, l'Oregon a fermé son bureau des affaires rurales. Depuis, ce portefeuille n'a reçu aucun nouveau financement[5]. L'insurrection civique reflète le fossé idéologique qui s'est creusé entre les deux Amériques.

La majorité urbaine s'affirme culturellement progressiste. Les ruraux s'affichent résolument conservateurs. Ces deux Oregon ne se supportent plus. L'État n'a pas élu de gouverneur républicain depuis quarante ans. Les deux Chambres de la législature sont dominées par les démocrates. La métropole est devenue un laboratoire de l'expérimentation urbaine. En 2021, la ville dépénalise la possession de drogues dures, comme l'héroïne ou la cocaïne. Le nombre de morts par overdose bondit de 30 %. Les meurtres doublent en trois ans[6]. Plusieurs quartiers se sont transformés en bidonvilles remplis de SDF et de junkies. Cet Oregon-là, les conservateurs n'en veulent pas[7].

À rebours, les progressistes refusent la victimisation de l'Oregon rural qui vit aux crochets de la prospérité urbaine. Après tout, les urbains subventionnent les ruraux à hauteur de 690 dollars par contribuable et par an. Pour eux, le mouvement sécessionniste n'est que l'expression d'une ancienne souche xénophobe. L'État a toujours nourri en son sein une frange minoritaire de Blancs conservateurs et ouvertement racistes. Quand l'Oregon est admis dans l'Union en 1859, sa Constitution interdisait aux Noirs de s'installer sur le territoire. Les suprémacistes blancs soutiennent la séparation. L'élection de Trump a revigoré leurs vieilles aspirations. Avec lui, les conservateurs ont pris conscience de leur force.

Si Joe Biden a remporté l'Oregon en 2020 avec 56 % des suffrages, la majorité de ses voix sont concentrées dans les 10 comtés les plus riches, les plus peuplés et les plus urbains. Les 26 autres ont tous voté pour Donald Trump, parfois avec plus de 70 % des voix.

Contrairement à l'Oregon, l'Idaho voisin assume son identité conservatrice comme on l'a vu. L'État n'a pas choisi de gouverneur démocrate depuis trente ans ; 80 % des élus au Congrès local sont républicains. L'Idaho se vante d'autoriser le port d'une arme sans aucun permis. L'avortement y est interdit. Sans exception. La peine de mort est toujours appliquée. En 2023, la législature a même voté le retour du peloton d'exécution pour pallier le manque de barbituriques nécessaires aux injections létales.

La minorité conservatrice de l'Oregon se sent donc en synchronie avec l'idéologie républicaine de l'Idaho : « Le mouvement de sécession dans l'Oregon est symptomatique de la crispation qui traverse l'Amérique tout entière, me confie Ilana Rubel, la cheffe de file des démocrates dans l'Idaho et opposante au projet de sécession. Si on accepte de redessiner les frontières parce que les gens ne sont pas satisfaits des résultats électoraux, c'est un précédent très dangereux. Je ne sais pas où cela va nous mener[8]. »

Signe de la tension identitaire qui traverse l'Amérique, le mouvement séparatiste de l'Oregon a émergé il y a une dizaine d'années. Avant, personne ne parlait de sécession. Jusqu'à la parution d'un vibrant plaidoyer dans un magazine local en 2015. L'auteur de cette diatribe, un ancien ramoneur du nom de Grant Darrow, excédé par le mépris des progressistes, sonne l'alarme. Dans les colonnes du journal, il dénonce ce qu'il appelle le dédain de « l'aristocratie du pouvoir ». Il s'insurge contre cette élite urbaine qui néglige les ruraux, vote des lois pour humilier les ranchers et coupe les subventions aux agriculteurs : « Les ruraux de l'Oregon et plus particulièrement ceux de l'est de l'État sont de plus en plus consternés par la manière dont la législature de l'Oregon et les urbains ont marginalisé leurs valeurs, diabolisé leur mode de vie, dénigré leur culture rurale et les traitent comme, au mieux, des citoyens de deuxième classe[9]. »

Sans détour, Grant Darrow avance alors une idée. Et si l'on rattachait les comtés ruraux à l'Idaho ? À l'époque, l'article passe inaperçu dans les couloirs de la législature. Ceux qui le lisent ricanent devant l'outrecuidance de ce « cul-terreux » mal éduqué. Mais la tribune éveille les consciences. Plusieurs centaines de ranchers forment une association de défense de leurs intérêts. Ils sentent que l'Oregon se transforme. À leurs dépens. Quelques mois plus tard, un groupe d'éleveurs, tous membres de milices antigouvernementales, occupent illégalement une réserve naturelle. Le siège dure plusieurs semaines et finit par la mort d'un des leurs, tué par un policier fédéral alors qu'il tentait de forcer un barrage[10]. Cet épisode fait planer le spectre d'une confrontation armée.

Pourtant proche des mouvements trumpistes, Mike McCarter dit refuser toute violence politique. Il réclame simplement d'être pris au sérieux. Il en est convaincu, son mouvement finira par l'emporter. « À la fin, c'est l'Oregon qui nous demandera de partir », prédit-il. L'État voudra se débarrasser des comtés pauvres, ruraux et trumpistes.

« De toute manière, ajoute-t-il, ils n'en ont rien à faire de nous. »

Les séparatismes locaux se diffusent à travers l'Amérique

Conséquence du grand regroupement, l'esprit séparatiste illustre l'essoufflement de la démocratie libérale. La radicalisation des postures hyper-partisanes menace l'édifice institutionnel. Quand les oppositions se rebellent, elles réclament le divorce. Par consentement mutuel, aujourd'hui. Mais demain ?

Dans l'Illinois, 27 comtés ruraux ont adopté des « référendums de séparation ». Un quart des 102 comtés de l'État. Chaque fois, les électeurs ont voté en faveur à plus de 70 %. Là encore, la révolte vise les progressistes et la grande ville, Chicago, accusés de vampiriser les finances de l'État et de jeter les miettes aux comtés ruraux. Un élu républicain a même proposé d'exclure la mégalopole de l'Illinois pour en faire le 51e État d'Amérique[11].

En 2022, les 230 000 électeurs du comté de San Bernadino ont voté, à une courte majorité, en faveur d'une séparation avec la Californie. Exaspérée de voir les dollars versés par le gouvernement fédéral lui échapper, cette région agricole qui jouxte le Nevada a exprimé sa colère. Au nord de l'État, plusieurs comtés veulent prendre leur autonomie pour former ce qu'ils appellent l'État de Jefferson. Une vieille idée remise au goût du jour par des trumpistes mécontents de la dérive gauchisante de la Californie.

De l'autre côté du pays, les représentants de trois comtés ruraux du Maryland, exaspérés par l'idéologie progressiste qui domine la législature locale, exigent d'être rattachés à la Virginie-Occidentale, un État plus conservateur[12]. Au Nouveau-Mexique, un élu local, Cliff Pitre, a demandé officiellement le démembrement de l'État pour permettre à plusieurs comtés républicains de rejoindre l'État voisin conservateur[13].

Bouger la frontière ou redessiner un État n'est plus tabou. Chaque fois, les oppositions politiques veulent se regrouper avec leurs semblables. Plus personne ne veut la réconciliation. La fracture rural-urbain explique en partie les envies d'ailleurs des comtés conservateurs. Prenez ces chiffres : les 2 588 comtés qui ont voté pour Trump en 2020 ne produisent que 29 % du PIB. Les 551 comtés qui ont choisi Joe Biden comptent pour 70 % de l'activité économique du pays[14].

Dans une étude publiée en 2016, l'économiste Jed Kolko établit une éclairante corrélation entre les emplois dits « routiniers » et le vote conservateur. Il montre comment les comtés dont l'économie est menacée par l'automatisation des tâches et la globalisation du capital humain sont majoritairement attirés par le discours protectionniste du parti républicain[15]. À l'inverse, les comtés, majoritairement urbains, où se concentre un pourcentage élevé de hauts revenus sont séduits par le discours inclusif de la gauche progressiste.

Cette polarisation géographique et politique fait écho à la concentration des diplômes universitaires dans les métropoles. En moyenne, moins d'un habitant d'un comté rural sur deux a achevé ses études secondaires. Dans les comtés urbains, ce chiffre dépasse les deux tiers[16].

Un peu partout, un sentiment d'aliénation politique se diffuse. Ces mobilisations illustrent l'intensité des mouvements de repli, de retrait et de rejet. À mesure que les structures institutionnelles s'effritent, les propositions se radicalisent. Tous expriment la même contestation du principe démocratique.

Ces séparatismes locaux sont tous enclenchés par une même dynamique : le refus de se soumettre aux décisions de la majorité. Le rejet d'être gouvernés par le parti adverse. Chaque fois, c'est une minorité qui veut faire sécession. Et chaque fois, cette minorité se définit en termes politiques.

Une question demeure : ces séparatismes locaux sont-ils annonciateurs d'une fracturation plus profonde ? Pour l'élue conservatrice de l'Idaho Barbara Ehardt, la sécession des comtés minoritaires est la seule voie pour éviter un affrontement plus violent : « C'est toujours dangereux d'ignorer la volonté du peuple, m'explique-t-elle. La sécession est probablement le meilleur moyen d'éviter une guerre civile. Quand vous brutalisez les gens, quand vous les forcez à abandonner leur terre, quand vous faites tout pour qu'ils ne puissent pas avoir une vie décente, à un moment donné ils disent stop. Et n'oubliez pas, ces gens sont armés. Le risque que cela dégénère est réel[17]. »

Entre la rupture démocratique et la confrontation violente, l'Amérique court le risque de ne bientôt plus avoir le choix.

Chapitre 10
La rébellion antifédérale

Assis à son bureau, un revolver à la ceinture, Troy Wellman semble imperturbable. À l'intérieur de son bras gauche coule un tatouage. Une bannière étoilée coiffée d'une référence biblique : « Matthieu 5,9 ». Ce verset du Nouveau Testament se lit comme une profession de foi. « Heureux les gardiens de la paix, car ils seront appelés fils de Dieu. »

Avec son uniforme couleur kaki, Troy Wellman ressemble à n'importe quel policier. À un détail près : au-dessus de sa poche gauche scintille une étoile dorée à six branches. Celle des shérifs américains.

Comme la quasi-totalité des trois mille shérifs du pays, Troy Wellman a été élu par les habitants de son comté du Dakota du Sud. D'abord en 2006, puis réélu à cinq reprises. Avec toujours plus de 70 % des voix. Tous les quatre ans, il remet son mandat en jeu. « Être élu est essentiel pour un shérif, me dit cette armoire à glace aux cheveux coupés ras. Cela nous confère une légitimité. Mais aussi beaucoup de responsabilités. Je sais que si je fais mal mon job, les électeurs peuvent me virer à tout moment[1]. »

Troy Wellman commande sept policiers et quatre civils qui sillonnent ce comté grand comme le département de l'Essonne et qu'il me décrit comme une terre « rurale et ouvrière dans laquelle les gens n'ont pas encore complètement perdu leur bon sens ». Le dernier meurtre remonte à l'an 2000. Le trafic de drogue a depuis fait son apparition. S'il est le garant de la tranquillité publique, ce shérif conçoit aussi son rôle comme un rempart contre les dérives de l'Amérique moderne. « L'élection me confère un pouvoir discrétionnaire. Mon devoir est d'appliquer la loi. Mais j'ai aussi le droit ne pas l'appliquer si j'estime qu'elle est contraire à mes valeurs ou aux principes constitutionnels. »

Quand je lui demande de me citer un exemple, Troy Wellman n'hésite pas une seconde : « Si le gouvernement fédéral m'ordonnait de saisir les armes à feu des habitants de mon comté, je refuserais de le faire ! Et j'ordonnerais à mes officiers de ne pas le faire non plus. Parce que pour moi cette loi serait inconstitutionnelle. »

Les shérifs : des États dans l'État

Figures d'autorité, les shérifs occupent une place particulière dans le paysage politique. Les Américains y sont profondément attachés. Quarante États ont inscrit leur rôle dans leur Constitution. Le premier, l'Ohio, en 1803.

Parce qu'il est élu au suffrage universel, parce qu'il est la seule autorité policière à n'avoir de comptes à rendre à personne, le shérif possède une indépendance unique. À la tête des forces de l'ordre locales dans quarante-huit États, il détient de larges compétences sur son territoire. Il gère les transferts et la détention de prisonniers et peut enrôler des volontaires pour assurer le maintien de la paix.

La plupart des shérifs officient dans des comtés ruraux, mais pas seulement. Le shérif du comté de Los Angeles est à la tête d'une force de 18 000 hommes dont 9 000 policiers. Sa juridiction s'étend sur un territoire où vivent près de 10 millions d'Américains. À bien des égards, il est plus puissant que le maire de la ville. Le budget du shérif du comté de Maricopa en Arizona dépasse les 400 millions de dollars. Ayant juridiction sur les pénitenciers locaux, le shérif a longtemps incarcéré, de son bon droit, plusieurs centaines de détenus dans d'immenses campements de tentes en les forçant à porter des sous-vêtements roses[2] ! Il a également à sa disposition 52 milices composées de 400 volontaires en armes.

Signe des temps, les shérifs sont aussi devenus des acteurs de la contestation. De plus en plus d'entre eux affichent leur opposition au gouvernement fédéral. Partout, ils s'insurgent contre les ingérences de Washington. Parfois violemment.

Sur le mur blanc cassé, juste au-dessus de son bureau, le shérif Bob Songer a accroché un large drapeau rouge avec écrit en lettres épaisses : « God, Guns and Guts Made America Free* ». Un Stetson sur la tête, de larges bretelles et son pistolet automatique rangé dans le holster, Bob Songer semble tout droit sorti d'un épisode de la série télévisée *Shérif, fais-moi peur*. À la tête d'une force de quarante hommes, cet officier de 73 ans continue de patrouiller sur les routes du comté de Klickitat dans l'État de Washington – 20 000 habitants peuplent ce territoire en partie recouvert de conifères.

Élu shérif en 2014, il en est à son troisième mandat. Résolument conservateur, il voit son rôle comme un pare-feu face aux pulsions fédéralistes d'un gouvernement national de plus en plus invasif : « En tant que shérif, ma mission est de mettre les criminels derrière les verrous, m'explique-t-il avec son accent nasillard qui roule sur les voyelles. Mais je dois aussi protéger les citoyens contre le gouvernement fédéral quand il outrepasse ses pouvoirs. Si le gouvernement empiète sur les droits des citoyens, mon devoir est d'intervenir et de m'opposer à ce gouvernement[3]. »

Au-delà des 4 350 kilomètres, un monde sépare le comté de Klickitat de la capitale américaine. Cette distance explique en partie le pouvoir discrétionnaire que ce shérif s'est octroyé. Mais pas seulement… Dans

* « Dieu, les flingues et les tripes ont fait de l'Amérique un pays libre. »

son comté, Bob Songer se considère plus légitime que le président des États-Unis ! Cette conviction lui fait prendre quelques libertés. Pendant l'épidémie de Covid, il refuse d'appliquer les restrictions sanitaires. Il interdit à ses policiers de verbaliser pour non-respect du port du masque. Encore aujourd'hui, il ne fait appliquer aucune des nouvelles limitations sur les armes automatiques votées par la législature locale. De ces actes de défiance, il tire grande fierté : « Toutes ces lois sont des conneries, me dit-il. Les élus votent n'importe quoi. Il est de mon ressort de n'appliquer que les lois qui sont constitutionnelles ! »

Sa défiance envers le gouvernement fédéral est devenue permanente. Point cardinal de son action, elle anime ses choix. Explique ses inquiétudes. Quand Joe Biden demande aux polices locales d'assister aux réunions parents-professeurs pour aider le FBI à détecter les signes de radicalisation politique, Bob Songer lui envoie une fin de non-recevoir. Il refuse d'espionner ses concitoyens. « J'ai écrit à l'*attorney general* de Biden et je lui ai dit : "Gardez le FBI hors de mon comté ! Ne venez pas fouiner dans nos affaires ! Les parents ont le droit d'exprimer leurs opinions comme ils le souhaitent !" » Quelques minutes plus tard, il ajoute, un brin moqueur : « Bien sûr, je n'ai jamais obtenu de réponse de Biden. Mais le FBI n'est jamais venu dans mon comté ! »

Contester l'autorité fédérale confère à ce shérif une bonne dose de notoriété. Célébrité locale, il tire profit de cette posture populiste : « Le gouvernement fédéral est devenu une hydre, me raconte-t-il. Le FBI, la CIA, l'IRS, la DEA… Ils ont toutes les lettres l'alphabet ! Mais ils sont dangereux. Le président Biden veut armer les 87 000 agents du fisc. Pourquoi ont-ils besoin d'être armés pour contrôler les déclarations de revenus des Américains ? » me demande-t-il de manière rhétorique.

Inquiet de l'évolution du pays, il a mis sur pied une milice de 150 volontaires qu'il mobilise quand il en a besoin. S'ils n'ont aucun pouvoir de police, ces bénévoles sont bien sûr tous armés. Ils gardent l'œil bien ouvert et informent le shérif. Ses détracteurs l'accusent d'avoir constitué une armée à sa solde. Bob Songer s'en défend. À sa manière : « En tant que shérif, je suis prêt à coopérer avec le gouvernement fédéral. Mais je suis aussi prêt à lui résister. Je ferai tout pour empêcher les fédéraux d'arrêter des gens dans mon comté. Et si je dois aller en prison pour cela, qu'importe ! »

Quand les shérifs contestent ouvertement l'autorité du président

Bob Songer appartient à un mouvement de shérifs dont les rangs ne cessent de grossir. Autoproclamés « les shérifs constitutionnels », ils s'érigent en défenseurs des libertés individuelles. Ouvertement populistes, pourfendeurs des ingérences de Washington, ils affirment que le shérif est l'autorité suprême dans son comté. Personne, pas même le président des États-Unis, ne saurait s'opposer à lui à l'intérieur de son territoire.

Selon leur profession de foi, ces shérifs ont pour mission de « protéger les citoyens contre les intrusions d'un gouvernement fédéral devenu incontrôlable » en refusant d'appliquer les lois qu'ils jugent « inconstitutionnelles » ou « injustes »[4]. Cette association fonde son action sur une interprétation d'une décision de la Cour suprême. En 1997, un shérif de l'Arizona, Richard Mack, décide de ne pas appliquer une loi fédérale lui ordonnant de confisquer certaines armes à feu. Il saisit la plus haute juridiction qui lui donne raison, estimant que le gouvernement ne peut forcer un élu local à appliquer une loi fédérale.

En 2009, Mack publie un pamphlet intitulé *Le Shérif : dernier espoir de l'Amérique*. Le livre est un succès. Il fonde alors l'association des « shérifs constitutionnels » (CSPOA). Pour lui, le gouvernement fédéral représente « la plus grave menace à laquelle nous faisons face[5] ». Il le qualifie même de « Gestapo de l'Amérique[6] ». Il refuse d'appliquer les lois fédérales avec lesquelles il est en désaccord.

Membre de cette association, Dar Leaf, le très controversé shérif du comté de Barry, dans le Michigan, assume ouvertement cet appel à la désobéissance civile : « Quand votre gouvernement est malfaisant ou quand il déraille, c'est à ce moment que le shérif doit intervenir. Il est là pour protéger les gens contre cela », explique-t-il[7]. En

2020, ce soutien affiché de Donald Trump accuse Joe Biden d'avoir fraudé dans son comté. Il s'octroie alors le pouvoir de nommer une commission électorale et lance une enquête. Il saisit les urnes et traîne en justice les autorités électorales de son propre comté. Aucune disposition de la Constitution américaine ne confère pourtant aux autorités locales, même élues, le rôle d'arbitre de la constitutionnalité des lois. Qu'importe!

Les détracteurs accusent les shérifs constitutionnels de soutenir et parfois d'appartenir à des groupes extrémistes d'ultradroite. Certaines de ces milices ont notamment pris part à l'assaut sur le Capitole en janvier 2021.

Si leur nombre exact reste secret, l'association des shérifs constitutionnels déclare plus de 4 500 membres dont 400 shérifs[8]. Selon une longue enquête publiée en août 2023, les « shérifs constitutionnels » sont présents dans trente États. Après un intense lobbying, treize de ces États leur ont délivré une autorisation pour former des policiers[9].

Une autre étude, menée en 2022 par le Marshall Project, a interrogé plus de 500 shérifs. Près de la moitié placent leur autorité au-dessus du celle du gouvernement fédéral dans leur comté[10]. Loin d'être un épiphénomène, ce mouvement illustre la révolte antifédérale qui traverse l'Amérique. Ce localisme radical, cette défiance antigouvernementale augmente les risques de confrontations entre les autorités fédérales et les potentats locaux.

Mark Dannels, le shérif du comté de Cochise dans l'Arizona ne cache pas ses liens avec l'association des shérifs constitutionnels. Ce colosse au physique de rugbyman commande une centaine de policiers et presque autant de gardiens de prison dans les trois centres de détention qu'il gère ; 118 000 habitants résident dans ce territoire qui longe la frontière avec le Mexique. Quand je lui demande qui, du président ou du shérif, est la plus haute autorité dans le comté, son sang ne fait qu'un tour : « Je n'ai aucun compte à rendre au président. Je ne suis pas sous ses ordres, me répond-il d'un ton sec. Mes patrons, ce sont les citoyens ! Je fais ce qu'ils me demandent de faire. Les gens me connaissent ! Je prends en permanence le pouls de mon comté. Allez donc leur demander ce qu'ils pensent du gouvernement fédéral[11]. »

Élu shérif en 2012, Mark Dannels estime que Washington a tourné le dos à l'Amérique. Il dénonce son incapacité à sécuriser la frontière, à contenir le flot de migrants et à juguler le trafic de drogue. « Le gouvernement fédéral ne s'intéresse plus à nous. Il ne nous voit plus. Il ne nous entend plus, m'explique-t-il. Son manque d'implication dans la gestion de nos problèmes nous met en colère. C'est tellement insultant ! Aux yeux du gouvernement fédéral, on a l'impression que nos priorités passent au second plan. On a l'impression d'être des citoyens de deuxième classe. »

Haro sur le gouvernement fédéral

Il n'y a pas que le shérif qui s'oppose à l'État fédéral. À droite comme à gauche, on rejette son autorité. Par principe autant que par convenance. L'archipélisation de l'Amérique s'exprime aussi par la crise du fédéralisme. À travers le pays, les États – démocrates comme républicains – s'érigent en rempart contre la loi nationale.

Mal cicatrisées, les anciennes blessures réapparaissent. À mesure que Washington se mêle de tout, les États se braquent. Ils revendiquent leur opposition au centralisme bureaucratique. La contestation antifédérale se diffuse. Elle se nationalise. Partout, on fait des bras d'honneur à Washington. L'unité à marche forcée se grippe.

L'extension du pouvoir fédéral est en partie la cause de cette crispation. En cinquante ans, le budget fédéral a été multiplié par vingt ! En 1975, les dépenses fédérales avoisinent les 300 milliards de dollars. En 2024, elles dépassent les 6 000 milliards de dollars ! Pour financer cette gloutonnerie administrative, l'État a dû emprunter. La dette américaine correspond aujourd'hui à 125 % du PIB. Un record[12] !

Plus le gouvernement fédéral étend ses tentacules, plus les particularismes locaux s'affirment en opposition à son pouvoir. Cela n'a pas toujours été le cas. Le New Deal de Roosevelt a signé le triomphe du fédéralisme. Pour régler la crise économique, Washington lance un vaste plan de dépenses publiques qui transforment le pays.

La Seconde Guerre mondiale puis la guerre froide donnent un peu plus de sens à l'identité nationale. La puissance fédérale s'impose à travers des grands programmes : le Fair Deal de Truman, le Federal Highway Act d'Eisenhower, la New Frontier de Kennedy, le Civil Rights Act de Johnson… Toutes ces initiatives produisent du lien social. Il y a aussi la conquête de l'espace. Autant de projets qui fortifient la cohésion nationale et rassemblent le pays derrière son gouvernement.

La hiérarchie des normes consacrée par la Cour suprême et l'impossibilité pour les États d'invalider une loi fédérale donnent une assise juridique à son pouvoir. D'une main de fer, Washington a mis au pas les États. Ce mouvement d'unification a muselé les pulsions sécessionnistes, mais n'a pas suffi pour faire taire les divisions. Les fractures demeurent. Qu'elles soient politiques, sociales, ou raciales, elles sapent aujourd'hui les fondements de l'Amérique moderne. L'unité du pays à marche forcée s'est grippée. Même la prééminence de la loi fédérale se retrouve contestée.

Prenez la question des armes à feu : vingt États se sont autoproclamés « États sanctuaires ». Ces États – tous à majorité républicaine – refusent d'appliquer les lois fédérales qui limitent la libre circulation des armes à feu. Cri de ralliement des conservateurs, cette notion de « sanctuaire » a pour but de défendre le second amendement de la Constitution. Et de faire un bras d'honneur à Washington.

Côté démocrate, douze États se sont aussi déclarés « sanctuaires ». Mais pour eux, cette notion se décline autrement. À travers le pays, ces États refusent d'appliquer la loi fédérale en matière de lutte contre l'immigration clandestine. Se considérant comme un refuge pour les migrants, certains États interdisent à leurs fonctionnaires de coopérer avec les agents fédéraux dans la traque des immigrés illégaux.

Le Texas conteste aussi la politique de l'État fédéral en matière d'immigration... mais en sens inverse ! Excédé par l'inaction de Washington, en janvier 2024, le gouverneur du Texas octroie aux polices locales le pouvoir d'arrêter les clandestins. Cette loi est inconstitutionnelle, car la protection des frontières est du ressort unique de l'État fédéral[13]. Qu'importe, le Texas veut entamer un bras de fer avec Washington. Plus inquiétant encore, le gouverneur du Texas a reçu le soutien de vingt-cinq gouverneurs, tous républicains, qui affichent ouvertement leur défiance.

Chaque fois, Washington est présenté comme une autorité illégitime qui outrepasse ses prérogatives. La révolte des États pourrit l'équilibre institutionnel, car elle remet en cause la prééminence juridique de l'État fédéral, principe essentiel qui garantit le bon fonctionnement de la démocratie américaine.

Cette forme de sécession juridique fait écho à la révolte d'une partie de l'appareil judiciaire. Contre la dérive conservatrice de la Cour suprême, par exemple. Un peu partout, des procureurs osent s'opposer aux décisions de la plus haute autorité judiciaire du pays.

À la suite de l'arrêt de la Cour suprême mettant fin à la fédéralisation du droit à l'avortement, plus de 80 procureurs de 29 États différents signent une pétition indiquant qu'ils n'appliqueront pas cette décision. Tous, bien sûr, affichent leur conviction progressiste. Ils ne poursuivront pas pénalement les médecins et infirmiers qui aideront ou pratiqueront une IVG[14]. Jamais autant de procureurs ne s'étaient opposés si directement à une décision de la Cour suprême.

Washington, Bruxelles, même combat

La remise en cause de la prééminence fédérale renforce le mur idéologique qui sépare l'Amérique conservatrice et l'Amérique progressiste. Cette guerre de tranchées contamine les relations entre l'administration fédérale et les cinquante États. Quand les républicains gouvernent à Washington, les États démocrates s'opposent à l'administration fédérale. Quand la gauche accède au pouvoir, c'est au tour des États conservateurs de jouer la carte de l'obstruction. Cette guérilla juridico-politique ankylose l'équilibre institutionnel.

Depuis son arrivée à la Maison-Blanche, l'administration Biden a été traînée devant les tribunaux fédéraux plus de 70 fois par des gouverneurs républicains[15]. Vingt États républicains ont contesté les nouvelles règles sur le droit d'asile. Dix ont poursuivi le gouvernement pour avoir forcé les éditeurs de réseaux sociaux à réguler les contenus postés sur Internet[16].

Pendant la présidence de Trump, ce sont les gouverneurs démocrates qui ont assigné l'État fédéral en justice. À 156 reprises[17]. Tout y est passé : des permis de forage dans les zones protégées aux nouvelles régulations sur les armes à feu en 3D en passant par le code de distribution postale. Tout est sujet à dispute[18].

Seize États démocrates ont contesté la légalité du financement de la construction du mur à la frontière mexicaine. Vingt-trois États de gauche se sont opposés aux nouveaux standards environnementaux pour les véhicules thermiques…

Sapée par la contestation larvée, l'autorité du gouvernement fédéral ne s'impose plus au pays. Les lois sont de moins en moins appliquées. Washington catalyse les rancœurs. Il faut bien le comprendre : le rapport de détestation que les Américains nourrissent avec leur capitale est identique à celui que les Français ont avec… Bruxelles ! Cette bureaucratie lointaine. Cette administration coupée des réalités est devenue la source de toutes les crispations.

Le sentiment antifédéral n'est pas nouveau. Dès la création des États-Unis, il a toujours structuré le débat politique. Mais sa résurgence illustre la profonde crispation initiée par la polarisation du pays. Washington est devenu le coupable facile.

L'Amérique manque de projets fédérateurs. Elle est à bout souffle. Épuisée. Elle n'a plus d'idées. Plus d'enthousiasme.

Chapitre 11
Les nouveaux marxistes

Une révolution pédagogique en Californie

Au printemps 2023, les 61 000 professeurs de la centaine d'universités publiques de Californie, appelées *community colleges*, reçoivent un courrier. À l'intérieur, ils découvrent un petit fascicule d'une quinzaine de pages. Le document, intitulé « Diversité, équité, inclusion et accessibilité, glossaire de la terminologie », édicte un nouveau « code de l'enseignement » à suivre devant les deux millions d'étudiants[1].

À vrai dire, en feuilletant le texte, on a plus l'impression de lire un manuel de pensée gauchiste qu'un document officiel. Il a pourtant bien été publié par le conseil des gouverneurs de l'enseignement supérieur de Californie.

Ce nouveau manuel impose aux professeurs d'appliquer une « pédagogie antiraciste ». Les « identités raciales, sociales et culturelles » ayant participé à « la création de structures d'oppression et de marginalisation », explique le document, certains concepts doivent être bannis de l'enseignement public, en premier lieu desquels les notions subversives de « méritocratie » ou de « responsabilité individuelle »[2] !

La notion de « mérite », peut-on lire, est un concept « intégré à l'idéologie de la supériorité blanche et contribue au maintien d'une inégalité raciale structurelle. Le mérite protège le privilège blanc[3] ». Selon le manuel, l'« approche méritocratique » présuppose « implicitement que les Blancs sont plus qualifiés que les autres ». Elle justifierait la domination des Blancs et empêcherait donc « d'appréhender l'oppression systématique, le racisme et les privilèges accordés depuis des générations aux Blancs* ».

Le document impose une philosophie éducative ouvertement inspirée de la pensée *woke*. Les professeurs doivent « comprendre que le racisme est intégré à toutes les structures sociales ». Selon eux, le racisme n'est pas le fait des individus mais de la société tout entière. Il doit être compris comme l'ensemble des pratiques et des actes qui produisent « une hiérarchie raciale et une structure sociale créant de la supériorité, du pouvoir et

* Le mot « Blanc » utilisé en sciences sociales fait bien sûr référence à la couleur de peau, mais il correspond également à un construit social normatif, celui du groupe culturellement, politiquement, socialement dominant. Il se définit ainsi par opposition aux « minorités ».

du privilège pour certains et de l'oppression pour les autres ». En Amérique, le racisme ne peut donc être que le fait des Blancs.

Les auteurs contestent ainsi l'existence même d'un « racisme à l'envers » ou racisme antiblancs, qu'ils considèrent comme « un terme créé et utilisé par les Blancs pour décrire de manière erronée » les discriminations qu'ils subiraient et qui, par définition, ne peuvent exister. « Propagé par les ségrégationnistes [...], le racisme à l'envers est une forme de racisme qui nie l'existence d'un privilège Blanc et présuppose que les Blancs ont un droit supérieur par rapport aux autres minorités raciales. » Ils considèrent donc que les politiques « non discriminatoires* » mises en œuvre dans le passé sont responsables du prolongement des « iniquités raciales ».

Pour les gouverneurs des universités publiques de Californie, qui ont validé ce texte, « une personne est soit antiraciste soit raciste ». Le document enjoint donc à tous les professeurs de faire leur autocritique. Ils sont incités à reconnaître leurs préjugés racistes et les torts qu'ils ont causés. « Les professeurs doivent admettre les situations dans lesquelles ils ont fait preuve de racisme, dicte le document. Ceux qui affirment ne pas

---

* On inclut dans cette notion la fameuse discrimination positive, système qui assume de déroger au principe d'égalité de traitement dans l'application d'une politique publique pour favoriser un groupe minoritaire ou un individu appartenant à ce groupe minoritaire.

être racistes sont dans le déni et dans l'ignorance des inégalités raciales qui existent[4]. »

Dorénavant, les professeurs seront évalués selon ces critères. Ils devront démontrer la manière dont ils ont appliqué « l'enseignement et les techniques éducatives qui reflètent ces principes antiracistes ». Ceux qui nieraient leur propre racisme ou qui ne suivraient pas les règles « du comportement antiraciste » pourront être sanctionnés et même renvoyés[5].

Rendus furieux par cette injonction, plusieurs collectifs de professeurs ont porté l'affaire devant les tribunaux. L'obligation d'appliquer une idéologie à laquelle ils n'adhèrent pas, au risque de ruiner leur carrière est, selon eux, une violation de la liberté d'expression[6]. Face à la contestation, le conseil des gouverneurs a accepté d'amender le texte.

Pour rédiger ce nouveau code de conduite, les gouverneurs des universités de Californie ont puisé leur inspiration dans les théories essentialistes et déconstructivistes qui ensorcellent la gauche radicale depuis une dizaine d'années.

« Dé-blanchir » l'Amérique

Pour les adeptes des idées de Derrick Bell et Kimberlé Crenshaw, juristes, activistes et fondateurs de la théorie critique de la race, le racisme est un « construit social ». Il ne doit plus être appréhendé comme une question d'ordre individuel mais structurel. Selon Derrick Bell, le racisme n'est pas le reliquat de pratiques ancestrales mais un élément essentiel de l'ADN des États-Unis. Pour lui, cette république n'est que l'expression d'un projet d'oppression et d'exploitation des minorités par les Blancs. Depuis deux cent cinquante ans, les institutions n'ont donc eu comme but que de faire perdurer leur domination politique, économique et culturelle[7].

Selon les activistes se revendiquant de la théorie critique de la race, l'identité détermine tout. Explique tout. Raconte tout. Un individu se définit d'abord par sa couleur de peau, son genre ou sa religion. Un Noir ne vit pas la réalité de la même manière qu'un Blanc. Cette « épistémologie du point de vue » va structurer l'action politique de la nouvelle gauche.

Prenant le contrepied de la tradition universaliste de la gauche modérée, ces nouveaux radicaux considèrent qu'il est futile de vouloir gommer les différences entre les groupes raciaux. Il faut au contraire les assumer et institutionnaliser des traitements différents en fonction des appartenances raciales. Ce serait la seule manière de « dé-blanchir » le carcan normatif de l'Amérique moderne et d'éradiquer le racisme structurel qui aliène la société américaine.

Ces nouveaux marxistes appellent donc de leurs vœux un séparatisme civique, une discrimination progressiste. Pour eux, la neutralité n'existe plus. L'objectivité non plus. Soit on est raciste. Soit on est antiraciste. Il faut choisir.

Cette idéologie radicale a contaminé une partie de la société américaine. En Californie, la fièvre identitaire a poussé la célèbre université publique de Berkeley à se passer des tests d'admission (SAT), considérés comme favorisant les élèves blancs et asiatiques. Dorénavant, les étudiants seront sélectionnés uniquement sur dossier. Le critère déterminant pour l'admission d'un étudiant : que ses parents n'aient pas fait d'études universitaires.

Ce nouveau marxisme explique en partie la sécession civique qui divise le pays.

En guerre contre l'Amérique anglo-saxonne

« Mes enfants peuvent-ils être amis avec des Blancs ? »

La question semble provocatrice. Elle est pourtant posée, le plus sérieusement du monde, dans une tribune publiée par le *New York Times*[8].

L'auteur, un éminent professeur de droit, diplômé de l'université Columbia et d'Oxford, exprime, à la première personne, ses inquiétudes. Pour cet Afro-Américain, la vérité est simple à dire : les Blancs sont des traîtres. Le vote trumpiste reflète le mépris de race qu'une majorité d'entre eux nourrit à l'égard des minorités.

« Je vais apprendre à mes garçons à douter de la possibilité de nouer une vraie amitié avec des Blancs, écrit l'auteur. L'histoire offre peu de raisons aux gens de couleur de faire confiance aux Blancs. [...] Épargnez-moi les platitudes comme “On est tous pareil à l’intérieur”, je dois protéger mes garçons et donc je leur apprendrai, avant que le monde le leur montre, la manière déchirante, violente et parfois fatale dont [les Blancs] trahissent. »

Ce point de vue radical, publié par l’un des plus prestigieux quotidiens américains, montre combien les idées de la gauche identitaire se sont diffusées au sein de l’intelligentsia démocrate.

Longtemps un obscur courant de pensée suivi par une poignée d’étudiants sur les campus universitaires, l’idéologie essentialiste s’est propagée dans la société en contaminant d’abord les pages de la presse américaine. Les concepts de « privilège blanc » ou de « racisme institutionnel », directement tirés de la théorie critique de la race, ont percolé dans les colonnes des grands journaux de centre gauche.

Dans une étude fouillée et éclairante, l’analyste Zach Goldberg a fait les comptes. Entre 2011 et 2019, le nombre de mentions du mot « raciste » dans les articles du *New York Times* a augmenté de 700 %. Celle de « privilège racial » a été multiplié par 50 dans le *Washington Post*. Le nombre d’articles évoquant le « racisme systémique » ou le « racisme structurel » a été décuplé dans les deux quotidiens[9].

En 2018, une activiste, Robin DiAngelo, publie un manifeste au titre évocateur : *La Fragilité blanche*. Le livre évoque l’impérieuse nécessité de « déblanchir » l'Amérique. « Devenir moins blanc, écrit-elle, est le processus de toute une vie. »

Après la mort de George Floyd à Minneapolis en 2020, son pamphlet devient un succès de librairie. Plus de deux millions d'exemplaires vendus. Le livre reste dans la liste des best-sellers du *New York Times* pendant 155 semaines ! En quelques mois, Robin DiAngelo devient l'égérie de la gauche essentialiste. On s'arrache ses interventions publiques qu'elle facture jusqu'à 14 000 dollars[10] !

L'autre best-seller en 2021 s'intitule *Comment être un antiraciste*. Son auteur, Ibram X. Kendi, un professeur d'histoire afro-américaine. Adepte de la « tolérance répressive* » d'Herbert Marcuse, Kendi tourne le dos au mouvement des droits civiques qu'il considère comme un échec. « La seule manière de remédier à une discrimination passée est par une discrimination présente », écrit-il. Pour lui, les structures économiques, juridiques et sociales sont « intrinsèquement racistes ». Les Blancs modérés, ceux remplis de bons sentiments et qui se déclarent non racistes, sont aussi coupables que les trumpistes. Kendi considère la neutralité comme l'expression du racisme blanc. Son livre, déclaration de guerre

* Pour Herbert Marcuse, auteur de *L'Homme unidimensionnel* (Minuit, 1968), la tolérance est par nature émancipatrice. Elle s'oppose à la « tolérance repressive », perversion du concept qui sert à soutenir ou à justifier un système de domination et d'oppression.

à l'Amérique anglo-saxonne, va rester 45 semaines dans la liste des best-sellers du *New York Times* en 2021.

L'idéologie essentialiste, des médias à la politique

Propagée par l'intelligentsia, l'approche essentialiste des relations raciales va se diffuser dans les rangs du parti démocrate. Sous le choc après l'élection de Donald Trump, une partie des électeurs de gauche réclament une offre politique plus radicale. Si Trump a été élu, rationalisent-ils, c'est parce que l'électorat blanc est en partie raciste. Face à l'hystérie de la droite populiste, les démocrates, assoiffés de revanche, veulent en découdre. La narration identitaire va leur offrir la charge idéologique nécessaire pour se confronter à l'autre Amérique.

Sous pression et incapable de formuler un projet politique cohérent, l'establishment démocrate va tourner le dos à ses aspirations humanistes et universalistes. Excité par les promesses hurlantes de la gauche identitaire, le parti s'extrémise. Aux élections de 2020, les centristes sont laminés. Pour survivre, les démocrates donnent dans la surenchère : certains proposent de décriminaliser l'immigration illégale ou de verser des réparations aux descendants d'esclaves. D'autres vont jusqu'à promettre de conditionner les aides publiques à l'appartenance à un groupe racial. Le parti se vend aux plus offrants. La tentation devient irrésistible.

Les élus centristes ne survivent pas à ce tsunami idéologique. Le parti se laisse dominer par son aile radicale. Près de la moitié des élus démocrates à la Chambre des représentants, 103 sur les 212, appartiennent aujourd'hui à l'aile gauche. Les centristes sont devenus une minorité. Au niveau local, les progressistes ont aussi consolidé leur mainmise sur le parti démocrate. Dans vingt États, ils occupent la tête du parti[11].

Phagocyté par le mouvement *woke*, le réveil racial de la gauche tourne à l'obsession identitaire. Une majorité d'électeurs démocrates se disent aujourd'hui convaincus que les Blancs portent la responsabilité du racisme en Amérique. Le parti a délaissé les concepts de « classe sociale » et de « progrès économique » pour une rhétorique axée sur l'« équité raciale » et « l'antiracisme ».

Cette radicalisation de la gauche américaine a autant transformé le paysage politique que l'irruption de Donald Trump sur la scène électorale. « Alors que toute notre attention s'est portée sur la politique de l'extrême droite durant l'ère Trump, le plus important mouvement politique s'est en fait produit ailleurs, écrit l'observateur de la gauche américaine, Matthew Yglesias. Dans les cinq dernières années, les progressistes blancs se sont tellement déportés vers l'aile gauche qu'ils sont aujourd'hui plus à gauche sur les questions de racisme que les électeurs noirs[12]. »

Il faut bien le comprendre : Trump et le *wokisme* sont intrinsèquement liés. Ces deux phénomènes sont à la fois concomitants et corrélés. Chaque radicalisation nourrit l'autre tout en se renforçant elle-même. Trump a besoin de la gauche essentialiste autant qu'elle a besoin de lui. Ils sont les deux faces d'un même phénomène.

Le piège tendu par Donald Trump s'est refermé sur le parti démocrate. À tel point qu'une majorité d'électeurs progressistes expriment aujourd'hui leur rancœur envers les Blancs qui ne partagent pas leur radicalité[13].

« Être moins Blanc veut dire être moins arrogant »

Cette radicalisation idéologique s'est diffusée au-delà de la sphère politique. Elle a contaminé les administrations publiques, les sièges de grandes sociétés jusqu'aux comités exécutifs. À travers le pays, une multitude de sociétés ont développé des programmes pour ouvrir leur culture d'entreprise et la rendre plus inclusive. Prises dans les tirs croisés de cette guerre culturelle, certaines sont tombées dans le piège de la dérive radicale.

En 2020, la multinationale Coca-Cola annonce son intention de rendre plus « inclusive » son entreprise en lançant un « plan holistique d'équité raciale ». À coups de communiqués de presse, la société met sur pied une « plateforme immersive d'enrichissement centrée sur la diversité, l'équité et l'inclusion ».

Les milliers d'employés reçoivent dans leur boîte mail un lien pour suivre une formation intitulée « Confronter le racisme ». Produite par la gourou du *wokisme* Robin DiAngelo, la formation enjoint aux employés… d'« essayer d'être moins Blancs ».

Les auteurs de la formation détaillent l'objectif : « Être moins Blanc veut dire : être moins opprimant. Être moins arrogant. Être moins sûr de soi. Être moins défensif. Être moins ignorant. Être plus humble… »

Les employés se voient aussi offrir un tutoriel de sociologie essentialiste. « Aux États-Unis et dans d'autres nations occidentales, explique une autre diapositive, les Blancs sont formatés à se sentir intrinsèquement supérieurs parce qu'ils sont blancs. Les études montrent qu'entre trois et quatre ans, les enfants comprennent que c'est mieux d'être blanc[14]. »

La formation reflète combien la culture identitaire s'est insérée dans celle des grandes sociétés américaines. Révélée par une salariée lanceuse d'alerte, la publication des détails de la formation fait scandale. La presse conservatrice s'en saisit. Devant la controverse, Coca-Cola fait marche arrière. Sans nier l'existence de la formation, la multinationale explique qu'elle n'était pas obligatoire et décide de la suspendre indéfiniment.

Au fur et à mesure que l'approche essentialiste se répand, elle radicalise le débat public. C'est bien son intention. La gauche extrême en fait un cri de ralliement. La droite conservatrice aussi. La théorie critique de la race devient une obsession de la droite américaine, au même titre que le *wokisme.* En 2021, la chaîne Fox News cite le mot près de 2 000 fois en trois mois, selon un décompte[15].

Pour avoir trop agressivement voulu promouvoir des femmes et des employés de couleur, au moins une vingtaine de grandes sociétés américaines, comme McDonald's, American Airlines, Salesforce ou Macy's, se retrouvent poursuivies pour discrimination. Le « capitalisme *woke* » devient la cible des conservateurs[16].

De la « neutralité raciale » à l'« équité raciale »

En quelques années, la gauche américaine a tourné le dos au principe de « neutralité raciale » pour lui substituer celui d'« équité raciale ». Selon cette approche, les aides publiques doivent être conditionnées à l'appartenance ethnique. Leur but est de corriger des discriminations passées. Elles se fondent sur le principe, juridiquement contestable, que les hommes ne seront jamais égaux dans la société américaine.

En avril 2021, en pleine épidémie de Covid, le gouverneur démocrate du Vermont adopte une politique vaccinale sans précédent. Alors que les premiers vaccins arrivent sur le marché, il décide que tous les résidents « non-blancs » auront un accès prioritaire à la vaccination. Autrement dit les Afro-Américains, les Hispaniques ou encore les Indiens-Américains obtiendront un coupe-file pour se protéger du virus[17]. Les Blancs iront à l'arrière de la queue.

Qu'importe que sa décision ait causé la mort d'un grand nombre de personnes, le gouverneur Phil Scott persiste : même plus jeunes, les minorités sont prioritaires. C'est une question d'équité. « Si vous ou quelqu'un de votre foyer est noir, indigène ou une personne de couleur, lance-t-il, la vaccination vous est ouverte[18]. » Sa politique déclenche un tollé. Furieux de se voir accusé d'être anti-Blanc, le gouverneur démocrate accuse ses détracteurs de… « racisme[19] » !

Quelques mois plus tard, le gouverneur de New York, lui aussi démocrate, annonce à son tour que certains traitements à base d'anticorps monoclonaux seront réservés en priorité aux personnes à risques… ainsi qu'aux « non-Blancs » ! La raison est simple : les minorités raciales ont subi des discriminations qui doivent être corrigées. « Les non-Blancs ou les Hispaniques/Latinos doivent être considérés comme étant à risques à cause des iniquités sociales, anciennes et systémiques, qu'ils ont subies en matière de santé publique », écrit le ministère de la santé de l'État[20]. Le langage utilisé est inspiré de la théorie antiraciste. Une discrimination passée doit être corrigée par une discrimination présente.

Même le gouvernement fédéral s'y met. Dès son arrivée à la Maison-Blanche, Joe Biden lance plusieurs programmes d' « équité raciale » en ordonnant à toutes les administrations de favoriser l'accès des minorités raciales aux emplois publics, aux aides sociales et au logement entre autres[21].

En 2021, son administration annonce un plan d'aide aux agriculteurs noirs d'un montant de 5 milliards de dollars en compensation des « décennies de discrimination[22] ». Pour toucher cet argent, les fermiers doivent prouver qu'ils sont endettés... et afro-américains ! Comme il se doit, plusieurs associations d'agriculteurs blancs contestent le programme devant les tribunaux. La justice américaine leur donne raison et suspend le versement des aides. S'estimant trahie, l'association des fermiers noirs traîne à son tour l'administration Biden devant les tribunaux[23] !

Les controverses se multiplient. Les procès d'intention deviennent permanents. Le curateur du musée d'Art moderne de San Francisco doit démissionner pour avoir osé utiliser le terme de « discrimination inversée » banni par l'orthodoxie *woke*. À l'inverse, dans le Nevada, une association de parents d'élèves exige que les professeurs portent une caméra sur le torse pour s'assurer qu'ils n'enseignent pas la théorie critique de la race à leurs enfants... alors même que l'enseignement de cette théorie est interdit dans l'État[24].

Quand la Californie fait du triptyque « Diversité, équité et inclusion » le fondement idéologique de son approche éducative, l'université de Floride annonce son intention de fermer son bureau de « Diversité, équité et inclusion ». Elle applique ainsi une décision de l'État qui interdit aux institutions publiques de financer de tels programmes[25]. Au total, 28 États ont déposé pas moins de 81 projets de loi pour restreindre ces programmes d'inclusion dans les universités publiques[26]. À travers le pays, plus de 500 mesures ou référendums locaux ont été organisés pour limiter ou interdire l'enseignement de la théorie critique de la race ; 241 ont été adoptés et appliqués[27].

Comme chaque fois, les positions se radicalisent. Les oppositions courent à l'affrontement. Face au trumpisme, ces nouveaux marxistes refusent tout compromis. En tournant le dos aux valeurs humanistes de la gauche, ils ont cru la renforcer. Mais ils ne font qu'affaiblir la démocratie américaine.

Chapitre 12
La fin de l'Amérique blanche

L'Amérique change. C'est irrémédiable.

Le pays s'est longtemps targué d'être une terre d'immigrants. Un creuset multiculturel où chacun pouvait trouver refuge. Une promesse ressassée, générations après générations, et qui renforçait l'exceptionnalité américaine. Cette singularité nourrissait un sentiment de supériorité.

Cette promesse cachait pourtant une vérité jamais totalement assumée. Derrière ce multiculturalisme de façade, les États-Unis restaient avant tout une nation blanche. Le pays a toujours revendiqué son ADN européen. Son éthique protestante. L'individualisme et le capitalisme, fondements du projet national. *E pluribus unum* : même sa devise se déclame en latin, comme si l'enracinement culturel du pays prenait sa source dans la Rome antique.

Les communautés pouvaient s'enfermer dans un réflexe minoritaire, tant qu'elles reconnaissaient l'identité judéo-chrétienne de cette nation-continent. Cette vérité, progressivement contestée, est aujourd'hui la source des maux de l'Amérique.

D'abord fendillé, le miroir culturel s'est craquelé. Les clairs-obscurs sont apparus. Au fil du temps, l'image d'une Amérique grimée de dégradés s'est affirmée. À mesure que les minorités sont devenues plus visibles, les réflexes identitaires se sont affirmés. En contestant la norme imposée par la majorité blanche, elles ont revendiqué une existence politique.

Il faut le comprendre, l'Amérique n'est plus « une nation blanche ». Cette notion n'est pas uniquement démographique. Elle est avant tout politique.

En 2045, les Blancs deviendront une minorité

Au fil du temps, le rapport entre majorité et minorités s'est inversé. Le pays, en passe de devenir une constellation d'identités minoritaires, a perdu ses repères. Il se cherche. En 2013, pour la première fois, le nombre de naissances issues de minorités raciales a dépassé le nombre de naissance d'enfants blancs[1]. Quelques années plus tard, deux chercheurs de l'université du Wisconsin découvrent que la population blanche diminue dans 26 des 50 États[2]. L'évolution est en marche. Elle est inarrêtable. Dans vingt ans, les Blancs auront perdu leur statut dominant. Selon les estimations du Bureau fédéral du recensement, en 2045, pour la première fois, moins d'un Américain sur deux s'identifiera comme blanc. Autrement dit, à cette date, la communauté blanche deviendra une minorité. La plus importante du pays, certes, mais une minorité malgré tout[3].

Selon les projections, les communautés hispaniques et asiatiques devraient doubler en trente ans. Le nombre de métis triplera. Seule la communauté blanche va diminuer en taille. Cette réalité démographique est à l'origine de la déflagration identitaire que connaît l'Amérique.

La part des Blancs dans l'électorat ne cesse de diminuer. En 1980, ils représentaient 90 % des électeurs ; vingt ans plus tard, moins de 80 %. Ils ne représentent plus aujourd'hui que 63 %. Cette nouvelle réalité démographique et électorale a transformé le rapport des Blancs à l'identité partisane, à la nation et au pouvoir.

Les institutions américaines ont longtemps masqué le problème en sur-représentant le vote des populations blanches. La représentativité du Sénat – deux sénateurs par État, qu'importe leur population – augmente le poids des régions rurales. Le découpage des circonscriptions électorales à la Chambre (le *gerrymandering*) et la composition du collège électoral ont amplifié ce phénomène.

Encore aujourd'hui, les trois quarts des *congressmen* (313 sur 434) et neuf sénateurs sur 10 (91 sur 100) se définissent comme blancs. Seulement six Hispaniques et trois Noirs siègent au Sénat[4]. Quand il est élu sénateur,

Barack Obama n'est que le cinquième Afro-Américain de l'histoire à entrer à la Chambre haute.

Cette surreprésentation politique des Blancs a longtemps consolidé leur pouvoir. C'est moins vrai aujourd'hui. Face à son inexorable déclin, face à la menace du déclassement, un sentiment de fragilité culturelle s'est emparé de la communauté blanche. Longtemps dominante, elle se sent aujourd'hui dépossédée de « son » pays. Cette impression de perte de contrôle explique en partie le regain de tension politique.

L'inconfort racial des Blancs

« Pour les privilégiés, l'égalité ressemble à l'oppression. » Cette phrase résume le sentiment de précarité qui traverse une partie de la communauté blanche. Face au spectre de la perte d'influence, les Blancs se sentent marginalisés. Ils ont compris qu'ils allaient devoir se battre pour conserver le pouvoir. Longtemps immunisés contre le sentiment d'insécurité culturelle, ils se sont crus à l'abri. Ils ne le sont plus. Devant ce changement politique, un réflexe de solidarité raciale s'est répandu de manière instinctive.

En 2018, le Pew Research Center lance une vaste étude sur l'avenir de l'Amérique multiculturelle. Il interroge 3 397 Américains sélectionnés pour représenter les différentes composantes politiques, socio-économiques, religieuses et raciales du pays.

À la question « La mise en minorité des Blancs affaiblira-t-elle ou renforcera-t-elle l'Amérique ? », une majorité de Noirs et d'Hispaniques choisissent la deuxième option. Seuls les Blancs se disent pessimistes. Près d'un Blanc sur deux (46 %) estime que leur mise en minorité « va affaiblir les traditions et les valeurs américaines[5] ». Plus d'un Blanc sur deux (53 %) interrogé estime qu'une Amérique majoritairement non-blanche causera plus de conflits raciaux.

La communauté blanche se trouve soudain exposée à un nouveau sentiment : l'inconfort racial. Les années de ségrégation et de domination politique l'ont protégée de tout rapport avec les minorités raciales. Les Blancs n'ont jamais été forcés d'appréhender leur relation aux autres. Ils dominaient. Un point c'est tout.

La majorité blanche se retrouve aujourd'hui exposée à une remise en cause fondamentale de son positionnement dans la société américaine. L'architecture socioculturelle sur laquelle s'est fondée sa domination politique est pointée du doigt… Les notions fondatrices de la culture anglo-saxonne sont contestées.

Croire que l'on peut être accepté en tant qu'individu sans être associé de manière négative à la couleur de sa peau est un privilège dont seuls les Blancs ont bénéficié. Pour eux, l'ère de l'innocence raciale a pris fin. Certains l'acceptent. D'autres le refusent. Parfois, de manière violente. Dans un mécanisme de défense assez banal, une partie de la communauté blanche s'est regroupée de manière tribale. Politiquement, ce réflexe minoritaire s'est incarné dans Donald Trump.

La blanchitude ou la défense de l'identité blanche

L'élection de Barack Obama a remis la question raciale au centre du jeu politique. Obama est le premier président de l'histoire à avoir été élu, puis réélu, sans remporter le vote blanc. En 2008, il n'obtient que 43 % du vote de la communauté blanche – un score identique à celui de Michael Dukakis, le candidat démocrate, pourtant battu en 1988. En 2012, son score tombe à 39 %. Élu grâce à une coalition des minorités, Obama a maximisé son potentiel électoral chez les Afro-Américains, les Hispaniques et les Asiatiques.

La victoire du premier président noir a fait prendre conscience à l'électorat blanc que le pays ne lui appartient plus. Malgré lui, Obama a offert aux prophètes du grand remplacement un porte-voix électoral. Surfant sur ce sentiment de dislocation culturelle et de dépossession politique, ses opposants ont attisé l'anxiété raciale, puissant facteur de mobilisation politique.

Même s'il n'a jamais racialisé son discours, Obama a symbolisé la transformation de l'Amérique. Le changement de visage du pays. Obama a bien tenté d'incarner l'illusion d'une Amérique multiraciale, enfin défaite de ses anciens démons. Cette fable politique, ce miroir déformant a projeté un faux sentiment d'apaisement. Le mirage s'est vite dissipé. Le réveil a été douloureux.

Produit dérivé de la présidence Obama, Trump en est autant l'antithèse que l'héritier. C'est en réaction à l'élection d'Obama qu'il a réussi à racialiser son discours. La singularité politique de Trump est d'avoir voulu incarner cette anxiété raciale dans une proposition électorale disruptive articulée autour d'un seul concept : la blanchitude.

La blanchitude ne s'oppose pas à la négritude. La blanchitude s'oppose au multiculturalisme, au politiquement correct, à la discrimination positive, au progressisme inclusif. La blanchitude rassemble un ensemble de symboles et de référents qui dépasse le champ du politique et qui active chez les électeurs un réflexe de protection identitaire.

La sémantique et la sémiotique de Trump, comme son action politique et son positionnement électoral, ne prennent leur sens que dans le cadre de cette blanchitude. Trump est le premier homme politique à avoir fait de l'homogénéité culturelle le socle de son offre électorale. Il est le premier président à avoir justifié son comportement, son programme et son action par la nécessité d'incarner les exaspérations de ses électeurs.

Effet miroir de la dérive identitaire du parti démocrate, Trump a essentialisé le discours de la droite conservatrice. Avec son « Make America Great Again », Trump a voulu remonter dans le temps. Revenir à une Amérique prospère et respectée, mais surtout dominée par les Blancs. Cette nostalgie régressive, puissant facteur de mobilisation, a décuplé la force symbolique du populisme de Trump.

Depuis son émergence sur la scène politique, l'ancien président a adopté une rhétorique systématiquement « anti » : anti-noir, anti-immigrant, anti-hispanique, anti-musulman, anti-féministe, anti-gay, anti-trans, bref « anti-tout-ce-qui-n'est-pas-un-mâle-blanc-comme-moi ». L'essence de la blanchitude de Trump se résume à : « Je ne suis pas le candidat d'Eux, je suis le candidat de Vous ! »

Indéniablement, Trump a parfaitement compris l'angoisse qui traverse une partie de l'Amérique blanche. La crainte de se retrouver marginalisée « chez elle ». En essentialisant son discours, en glissant constamment hors du champ du politique pour jouer sur les peurs et les rancœurs de ses électeurs et en injectant une forte dose d'anxiété dans sa narration, Trump a choisi d'activer des mécanismes identitaires pour consolider sa mobilisation électorale. En brandissant l'étendard de la défense de l'Amérique blanche, en revendiquant son hostilité au multiculturalisme, au *wokisme* et au progressisme, Trump se trouve parfaitement en phase avec son électorat.

Voilà pourquoi, dès qu'il le peut, Trump lance une bouteille de kérosène dans le débat national, comme s'il cherchait à enflammer la société pour mieux consumer une Amérique déjà profondément divisée. Comme s'il voulait garder le pays dans un état de stress politique constant, Trump n'a eu de cesse d'attiser les flammes de la discorde. Dès qu'une controverse émerge, plutôt que d'apaiser, il cherche à polariser. À force de brutaliser le corps social, il a réussi son pari : cliver l'Amérique en deux camps, pro et anti-Trump. En jouant sur les peurs de l'Amérique blanche, il a forcé les Américains à se positionner, à choisir, pour ou contre lui.

Il faut l'admettre, Trump a compris les effets de l'insécurité collective, du grand regroupement et de la tribalisation politique que nous avons explorés. Il a saisi la colère qui traverse le pays. En servant un discours testostéroné, il a essayé d'injecter une dose d'antidépresseur dans un électorat en perte de repères. Face à une élite politique hors sol, incapable de forger un consensus, Trump a tenté, à sa manière, de donner du sens à une mondialisation de plus en plus inquiétante. Une fois élu, ce président outrancier a même réussi le pari d'incarner le rejet de Washington… depuis la Maison-Blanche !

Ce qui définit le trumpisme, c'est d'abord la capacité de cet homme politique hors norme à rassembler de manière organique les déçus du progressisme politique et les victimes du libéralisme économique. Cette synthèse constitue la force électorale du populisme version Trump. Le trumpisme se nourrit de l'impuissance de Washington à répondre à la crise sociale qui ravage l'Amérique périphérique : la paupérisation des classes moyennes, le sentiment de déclassement et les phénomènes de dislocation sociale qui se sont renforcés avec la crise financière de 2008.

En se nourrissant du sentiment de fragilité culturelle, Trump a réussi à actionner de profonds réflexes identitaires et à déplacer le centre de gravité du débat politique vers un enjeu quasi existentiel : le combat pour sauver l'âme de l'Amérique.

Qu'importe son avenir politique ou judiciaire, Donald Trump restera l'homme politique américain le plus conséquent de ce début de siècle. En essentialisant l'identité partisane et en radicalisant l'offre électorale, l'ancien président, à nouveau en campagne, a accéléré la désintégration du contrat social américain.

Chapitre 13
« I am going to kill you »

Sur l'enregistrement audio, l'effroi alourdit la voix de Kristen King. À ses côtés gît son mari. Il vient d'être abattu de trois balles dans la tête.

Quand l'opérateur des services de secours lui demande d'identifier le meurtrier, cette habitante d'un village de l'Ohio pointe immédiatement son voisin : « Son nom est Austin Combs. Il est venu quatre fois pour se disputer avec mon mari parce qu'il pensait qu'il était démocrate. »

Anthony King, 43 ans, marié et père d'un petit garçon, est l'une des 39 personnes tuées pour des raisons politiques en deux ans. Depuis l'assaut du Capitole en janvier 2021, la tension n'a cessé de croître. Quelques mois plus tôt, une femme est abattue lors d'une manifestation à Portland. Une dispute entre des manifestants gauchistes et un passant trumpiste aurait dégénéré. En Floride, c'est un employé du bâtiment qui poignarde son patron ouvertement conservateur après un désaccord politique. Le salarié a planté un drapeau américain à côté de son corps. En mai 2022, dans la ville de Buffalo, un suprémaciste blanc, voulant déclencher une « guerre des races », ouvre le feu sur des Afro-Américains qui faisaient leurs courses. Dix personnes décèdent.

Selon un décompte, 213 actes de violences politiques ont été commis entre 2021 et 2023[1]. Quatorze tueries ont eu lieu. Jamais, depuis les années 1960, les États-Unis n'avaient connu un tel niveau de violence. Le 13 juillet 2024, Donald Trump échappe de justesse à une tentative d'assassinat. Lors d'un meeting, une balle tirée par un sniper lui déchire l'oreille. L'événement choque l'Amérique. Il n'a pourtant rien d'étonnant.

Les élus pris pour cibles

Solomon Peña était jusque-là l'une des figures du parti républicain dans l'État du Nouveau Mexique. Soutien de Donald Trump, il avait porté les couleurs des conservateurs aux élections locales. Ce 3 janvier 2023, menotté, encadré par deux colosses du FBI, il est conduit dans un centre de détention.

Âgé de 39 ans, Solomon Peña, est accusé d'avoir recruté des hommes de main pour cibler ses adversaires politiques, dont la candidate démocrate qui l'a battu. Moyennant 500 dollars, trois membres d'un gang local auraient sulfaté au fusil-mitrailleur le domicile de ses rivaux. Peña aurait même participé à l'une des fusillades. Quatre candidats démocrates ont été visés. Une douzaine de projectiles ont touché le domicile de l'un d'entre eux. Trois balles sont passées à quelques centimètres de la tête de sa fille qui dormait. Peña encourt soixante ans de réclusion criminelle.

Au même moment, à deux mille kilomètres de là, la main sur la Bible, Craig Greenberg est investi maire de Louisville, dans le Kentucky. Ce candidat démocrate s'estime chanceux... d'être encore en vie!

Quelques mois plus tôt, en pleine campagne électorale, un homme se présente à l'entrée de sa permanence et tire plusieurs coups de feu à bout portant. L'un des projectiles effleure son bras. Un conseiller arrive in extremis à repousser l'intrus et à refermer la porte. L'homme prend la fuite.

Interpellé quelques jours plus tard, l'auteur est un jeune activiste afro-américain de 22 ans, membre de l'association *Black Lives Matter*. Opposant de Greenberg, qu'il juge trop conservateur, Quintez Brown s'était porté candidat à un siège au conseil municipal de Louisville. En enquêtant, les policiers retrouvent chez l'assaillant une seconde arme à feu. La perquisition montre qu'il avait mûrement réfléchi son projet. La veille, il s'était rendu au domicile de Greenberg avec l'intention de le tuer. Au moment d'ouvrir le feu, son arme s'était enrayée. Quintez Brown encourt la réclusion criminelle à perpétuité pour tentative d'assassinat.

Quelques semaines plus tôt, c'est un *congressman* républicain de New York, Lee Zeldin, qui a failli perdre la vie. En plein meeting, un homme monte sur le podium et lui hurle : « Tu es fini, tu es fini, tu es fini ! » Une lame aiguisée dans la main, il tente de poignarder l'élu. Plusieurs sympathisants lui sautent dessus et finissent par le maîtriser.

En octobre 2022, dans un quartier huppé de San Francisco, un homme armé d'un marteau s'introduit en pleine nuit au domicile de Nancy Pelosi. Il cherche la *speaker* de la Chambre en hurlant : « Où est Nancy ? Où est Nancy ? » Découvrant qu'elle est absente, il s'en prend à son mari, âgé de 82 ans. Quand les policiers arrivent sur place, ils découvrent Paul Pelosi, le visage en sang, le crâne fracturé, plusieurs côtes et un poignet cassés. Lors de son interrogatoire, l'assaillant, un homme de 43 ans, déclare avoir eu l'intention de torturer la cheffe du parti démocrate pour qu'elle avoue avoir menti.

Ces exemples illustrent la tension qui règne aux États-Unis. Exacerbées par la polarisation ambiante, les rivalités électorales ont plongé le pays dans un état de stress politique. Des insultes aux attaques, les élus sont devenus des cibles faciles. En quelques années, le nombre de menaces proférées à l'encontre des membres du Congrès a été multiplié par dix.

En 2021, la police du Capitole, en charge de la protection des élus fédéraux, a recensé 9 625 menaces – cinq ans plus tôt, elle n'en comptabilisait que 902[2]. En 2022 et 2023, elle a enquêté sur plus de 14 000 menaces.

La majorité proviennent d'extrémistes de droite. Mais pas seulement.

Les menaces de mort, la gouverneure démocrate de l'Arizona, Katie Hobbs, ne les compte plus. « Meurs salope. Meurs ! » éructe une première voix sur l'enregistrement qu'elle diffuse. « Tes jours sont comptés. L'Amérique va se venger et tu vas payer avec ton sang », déclare une deuxième. « Tu ne seras jamais en sécurité en Arizona », lance une troisième. Il y a aussi : « Je vais te tuer » ou encore « On va te retrouver[3] ».

Pour sensibiliser l'opinion publique, son équipe a diffusé une quinzaine de messages de menace. Au moins trois des auteurs ont été identifiés, arrêtés et condamnés. Ils n'avaient aucun lien entre eux.

Quelques semaines plus tard, au milieu de la salle d'audience, une voix rauque résonne. « Si on se croise, je t'égorge. Tu meurs ! » Sur l'enregistrement, la voix paraît déterminée. « J'aimerais vraiment te tuer. J'aimerais tellement voir le FBI venir me chercher. » Ces extraits proviennent des 60 messages que Kevin Patrick Smith, un électeur du Montana, a laissés sur les boîtes vocales du sénateur démocrate Jon Tester. Quand les agents du FBI l'arrêtent en février 2023, ils découvrent 19 armes à feu dont quatre fusils à pompe, huit pistolets et 1200 munitions[4]. Face au juge, l'homme de 46 ans reconnaît avoir « sciemment » menacé le sénateur pour protester contre ses décisions politiques. Il écope d'une peine de deux ans et demi dans un pénitencier fédéral.

Devant le flot de menaces, la police du Congrès a ouvert des bureaux au Texas, dans le Minnesota et dans le Massachusetts. Elle compte aujourd'hui plus de 2 600 agents et 500 personnels administratifs. Cette police a probablement sauvé la vie du *congressman* Steve Scalise, l'un des leaders républicains de la Chambre des représentants. Armé d'un fusil acheté légalement, un sympathisant démocrate ouvre le feu sur l'élu de Louisiane. Il est atteint de plusieurs balles à la hanche. S'ensuit une fusillade d'une dizaine de minutes. Une centaine de coups de feu sont échangés. L'assaillant est mortellement touché par les policiers qui assuraient la protection du *congressman*.

Les élus sont aujourd'hui le déversoir d'une agressivité devenue quotidienne. Gouverneurs, sénateurs ou simples élus locaux. Même les conseillers reçoivent des menaces. En mai 2023, un homme muni d'une batte de baseball en métal fait irruption dans la permanence d'un élu démocrate de la Virginie. Il frappe un assistant parlementaire à la tête puis une stagiaire. Pour se venger, dira-t-il. L'homme de 49 ans, instable mentalement, était inconnu des services de police[5].

Le mois suivant, quelques heures avant un déplacement de Joe Biden dans l'Utah, plusieurs agents du FBI abattent un homme qu'ils venaient arrêter. L'homme de 73 ans avait posté ce message : « Le temps est venu d'un assassinat présidentiel ou deux. D'abord Joe puis Kamala[6] !!! »

Dans une étude publiée par la National League of Cities, une association qui regroupe 2 700 municipalités, huit élus sur dix affirment avoir été victimes de harcèlement, de menaces ou de violence physique[7]. La crainte de voir cette violence dégénérer est présente dans l'esprit de tous.

La sénatrice républicaine du Maine, elle aussi victime de menaces, prédit même : « Je ne serais pas surprise si un membre de la Chambre ou un sénateur était tué. Ce qui avait commencé par des coups de fil abusifs s'est maintenant transformé en menaces ou violence réelle[8]. » Le sénateur du Texas, Ted Cruz, partage cet avis : « Je crains que nous nous réveillions un jour en apprenant que l'un d'entre nous a été tué[9]. »

Cette violence percole dans toutes les strates de la vie publique. Même les juges de la Cour suprême y sont confrontés. En juin 2022, un militant de gauche, Nicolas John Roske, est arrêté devant la résidence du juge Brett Kavanaugh, l'un des magistrats les plus conservateurs. Dans son sac, les policiers découvrent un pistolet automatique Glock 17, deux chargeurs de munitions, un poignard, des menottes, du scotch et un spray lacrymogène. Furieux de la récente décision de la Cour suprême de limiter le droit à l'avortement, ce jeune de 26 ans avoue aux enquêteurs être venu de Californie avec l'intention d'assassiner le juge Kavanaugh.

Violence politique, une tradition américaine

Les actes de violence ont toujours émaillé l'histoire politique de ce pays. Après tout, la fonction de président des États-Unis est statistiquement l'une des plus dangereuses au monde : quatre des 46 titulaires du poste ont été assassinés. Deux autres, blessés, ont survécu à une tentative d'assassinat. Un président sur huit a donc été la cible d'un assassinat. Donald Trump a lui aussi échappé de peu à un tir.

Selon le *Secret Service*, l'agence fédérale chargée de la protection des présidents, huit projets d'assassinat ont été déjoués contre Barack Obama, deux contre Donald Trump et deux contre Joe Biden. À chaque déplacement du président, ou de Donald Trump, particulièrement exposé, plusieurs centaines de policiers sont mobilisés pour sécuriser les lieux.

Encore aujourd'hui, il existe des centaines de milices armées et de cellules clandestines qui s'entraînent à l'action violente. En 2020, quatorze membres des *Wolverine Watchmen*, une organisation paramilitaire d'extrême droite, sont arrêtés par le FBI. Ils préparaient le kidnapping de la gouverneure démocrate du Michigan.

Armés de fusils-mitrailleurs et de jumelles à infrarouge, ils avaient prévu de prendre l'élue en otage et de faire sauter un pont à l'aide d'explosifs pour semer les policiers lancés à leurs trousses. Dix d'entre eux sont condamnés à des peines de prison ferme. Les deux leaders écopent de seize et dix-neuf ans de réclusion criminelle.

Ces organisations paramilitaires ne sont pourtant pas les instigatrices de la majorité des actions violentes aux États-Unis, notamment celles menées contre des élus. Les enquêtes diligentées par les services fédéraux révèlent une évolution inquiétante de la violence politique. La majorité des auteurs sont aujourd'hui de simples citoyens, certes instables, mais qui n'appartiennent à aucune milice organisée. Souvent, ces auteurs n'ont même pas de casier judiciaire.

Thomas Matthew Crooks, le jeune Américain de 20 ans qui a visé Donald Trump en juillet 2024, n'avait aucun casier judiciaire. Décrit comme introverti et obsédé par les armes à feu, il n'était connu d'aucun service de sécurité.

L'homme qui a grièvement blessé le numéro 3 de la Chambre des représentants en 2017 était un retraité démocrate de 66 ans. Résidant de l'Illinois, supporter du sénateur Bernie Sanders, James Hodgkinson voulait s'en prendre à une figure du parti républicain. Ancien propriétaire d'une petite société d'inspection immobilière en faillite, l'homme refusait la victoire de Donald Trump. Selon le FBI, il n'appartenait à aucune milice d'ultragauche[10].

Inconnu des services de police, l'auteur de la tentative de kidnapping contre Nancy Pelosi n'a jamais entretenu de liens avec un groupuscule extrémiste. Âgé de 42 ans, David DePape est un marginal adhérant aux idées de la droite radicale. Son casier judiciaire était vierge.

Les idées extrémistes, les appels à l'action violente, les conspirations et les complots, autrefois l'apanage des groupes radicalisés, se diffusent dans la société américaine. Elles foisonnent sur les réseaux sociaux, les groupes de chat et les chaînes YouTube. Le métalangage extrémiste des hommes politiques et les arguments conspirationnistes ont favorisé la création d'un environnement qui légitime l'intimidation et la menace.

À mesure que la culture politique se radicalise, la violence se répand. D'une certaine manière, les élus la banalisent. Quand la *congresswoman* républicaine de New York Elise Stefanik dénonce sur Twitter l'« insurrection électorale permanente » de ce qu'elle appelle « les démocrates radicaux », elle attise les flammes de la discorde.

Les républicains accusent Joe Biden d'avoir insidieusement encouragé la tentative d'assassinat contre Donald Trump. Quelques jours plus tôt, Biden avait déclaré qu'il « était temps de mettre Donald Trump au centre de la cible[11] ».

Le nouveau profil des auteurs de violences politiques

La sociologie des personnes arrêtées pour avoir menacé un élu, organisé une action violente ou pris pour cible un adversaire politique illustre cette tendance. Elle inquiète les services de renseignements. L'insurrection du 6 janvier 2021 en est la parfaite illustration.

Ce jour-là, quelque dix mille supporters de Donald Trump prennent d'assaut le Capitole, saccageant les lieux et paradant dans l'hémicycle. Cinq personnes décèdent. Un insurgé est tué. Les émeutiers arrivent à une dizaine de mètres du vice-président Mike Pence, alors en session pour certifier les résultats de l'élection présidentielle. Certains affirment avoir voulu le tuer. L'hypothèse d'un coup d'État est évoquée.

Après une longue enquête menée par le FBI, quelque 1 200 personnes sont arrêtées et poursuivies. Des organisations paramilitaires comme les *Proud Boys* et les *Oath Keepers* ont participé à cette révolte. Plusieurs leaders ont été condamnés à de très lourdes peines de prison pour sédition et insurrection. La plupart des prévenus ne seront condamnés qu'à des peines légères pour s'être introduits dans un périmètre interdit.

L'équipe du chercheur Robert Pape, de l'université de Chicago, a épluché les procès-verbaux, les actes de mise en accusation, les sentences de 377 personnes arrêtées par le FBI, la police du Capitole ou celle de Washington, le 6 janvier 2021. Son constat est éclairant : « Le profil démographique de la majorité des insurgés n'a rien à voir avec ceux des militants d'extrême droite[12] », écrit-il.

Selon l'étude, les deux tiers des personnes arrêtées ne sont pas de dangereux radicaux. Tous âgés de plus de 34 ans, la plupart sont mariés, ont une famille, des enfants. La quasi-totalité est intégrée socialement, 85 % détiennent un emploi. Un tiers sont des cols blancs, des employés ou des salariés d'entreprises, 14 % sont des patrons ou des employeurs, seulement 9 % sont au chômage.

Sur les 377 personnes arrêtées, 9 sur 10 n'étaient affiliées à aucun groupe extrémiste ou organisation paramilitaire. Seuls 12 % des insurgés appartenaient à une milice et moins de 1 % à un gang. Selon l'auteur du rapport, « des militants pro-Trump “normaux” ont rejoint l'extrême droite pour former une nouvelle forme de mouvement de masse violent ». Par leurs actes, ils ont tous exprimé, à leur manière, une forme violente de sécession civique. Une autre analyse, menée par le *Washington Post*, a décelé un trait commun à de nombreux assaillants : 60 % des premiers émeutiers inculpés connaissaient des problèmes financiers ou s'étaient déclarés en faillite personnelle[13].

Lors des interrogatoires menés par le FBI, le rôle d'inspirateur et d'instigateur joué par Donald Trump apparaît clairement. De nombreux insurgés ont justifié leurs actes par la conviction que l'élection avait été volée. La majorité sont des électeurs lambda, radicalisés par un discours violent, anxiogène et défaitiste. La plupart adhèrent à la thèse du grand remplacement et craignent la disparition de l'Amérique blanche.

Une dangereuse accoutumance à la violence

La crispation identitaire, le déclassement social et la tension politique conduisent certains Américains à une autoradicalisation. Plus inquiétante encore est l'évolution du rapport qu'ont les Américains avec cette violence politique. Plusieurs études montrent une augmentation du degré d'acception.

David Pavesi, mon beau-père, n'est pas un dangereux radical. Il n'a pourtant aucun mal à excuser l'intrusion dans le Capitole. « L'édifice appartient au peuple, m'assène-t-il. Quand les élus tournent le dos au peuple, il est en droit de venir reprendre ce qu'il possède. »

La diabolisation de l'État, la délégitimisation du processus électoral, le métalangage séditieux qui contamine le discours de la droite américaine, conjugués à la révolte anti-élite d'une certaine gauche, génèrent un engrenage sémantique qui finit par excuser de manière insidieuse la violence politique. Ce « désengagement moral » d'une partie de la classe politique résonne comme une incitation à la radicalisation.

Les chercheurs en sciences politiques Lilliana Mason et Nathan Kalmoe ont étudié le rapport qu'entretiennent les électeurs à la violence politique. Leur constat est édifiant[14]. En 2017, l'année de l'arrivée au pouvoir de Donald Trump, démocrates et républicains avaient une faible tolérance à la violence. À droite comme à gauche, parmi 100 personnes interrogées, seules 8 estimaient que la violence pouvait se justifier si elle fait avancer leur cause. À la fin de la présidence Trump, ce chiffre a doublé : 16 % des démocrates et 17 % des républicains excusaient cette violence[15].

En octobre 2023, une nouvelle étude confirme cette tendance. Près d'un adulte interrogé sur quatre (23 %) affirme que les actes de violence politique sont « parfois » justifiés – 33 % des républicains, 22 % d'indépendants et 13 % de démocrates soutiennent ce point de vue. Des chiffres en constante hausse depuis l'attaque du Capitole[16]. Dans une troisième étude, sur quelque 8 600 Américains interrogés, 12 % se disent prêts à utiliser la violence pour intimider un adversaire politique[17].

Dans cette atmosphère ultra-tendue, le processus électoral s'apparente à un cycle de vengeance inarrêtable. Le fossé qui s'est installé entre républicains et démocrates a accentué la représentation anxiogène que chaque camp se fait de l'autre.

Les électeurs de droite comme de gauche fantasment sur la capacité de leurs adversaires à utiliser la violence pour conquérir le pouvoir. Un démocrate sur deux se dit convaincu qu'une majorité de républicains sont prêts à utiliser la violence pour accéder au pouvoir. Le chiffre est presque identique côté républicain.

Cette perception de la menace exacerbe un peu plus les tensions électorales. L'obsession a contaminé les élus de la nation. Entre les représentants du parti démocrate et ceux du parti républicain, le doute s'est installé. Les uns redoutent que les autres ne tentent de les assassiner. Le cercle vicieux de la méfiance est enclenché.

Après l'insurrection du 6 janvier 2021, craignant pour leur sécurité, les élus démocrates ont fait installer des portiques de sécurité au sein du Capitole. Pas aux entrées du bâtiment. Ceux-là existaient déjà. Mais devant les portes de l'hémicycle.

La mesure n'était pas inutile. Quelques semaines plus tard, le *congressman* du Maryland Andy Harris fait sonner les détecteurs de métaux. Les policiers découvrent sur lui un revolver, qu'il possédait légalement. Trois jours plus tard, c'est la *congresswoman* républicaine du Colorado, Lauren Boebert, qui se voit interdire l'accès à l'hémicycle. L'élue avait refusé que les policiers du Capitole vérifient l'intérieur de son sac.

La première mesure qu'ont prise les républicains, quand ils ont obtenu la majorité à la Chambre en 2023, a été de démonter ces portiques.

Conclusion
Vers une guerre civile ?

Plusieurs années après la guerre de Sécession, le célèbre historien Henry Adams s'attelle à la rédaction de son autobiographie. Chroniqueur de l'Amérique *ante-bellum*, ce petit-fils et arrière-petit-fils de présidents* décrit avec précision la période qui a précédé la déchirure nationale. Plongé dans le déni, le pays n'a jamais compris que ses divisions allaient l'entraîner vers un destin funeste.

« Pas une personne en Amérique ne voulait la guerre civile, s'y attendait ou l'avait prévue, écrit-il. Une petite minorité réclamait la sécession. La grande majorité voulait continuer à vaquer à ses occupations en paix. Personne, si intelligent et éduqué fût-il, n'avait deviné ce qui allait se passer. Quelques loyalistes du Sud en

* Son arrière-grand-père, John Adams, fut le deuxième président des États-Unis de 1797 à 1801, et son grand-père, John Quincy Adams, fut le sixième président de 1825 à 1829.

détresse l'avaient peut-être imaginé comme une issue impossible. Personne ne l'avait planifié[1]. »

L'Amérique creuse sa tombe. Le Nord et le Sud se provoquent. Sans comprendre qu'ils courent à leur perte. « Bien que personne ne crût à la guerre, continue Henry Adams, elle empestait l'atmosphère. Les républicains organisaient clubs et parades… comme s'ils étaient des militaires. Il ne leur manquait que les armes. » Incapable de voir la réalité en face, le pays se dirige comme un somnambule vers une issue terrible.

Même Abraham Lincoln, l'homme qui instiguera cette déflagration sanglante, n'imaginait pas qu'un conflit pût éclater. Trois ans avant la sécession, en juin 1858, son austère silhouette perchée sur une estrade en bois, le futur président harangue la foule de notables qui vient de lui donner l'investiture du parti républicain aux élections sénatoriales : « Une maison divisée contre elle-même ne peut pas tenir debout, lance-t-il. Je crois que ce gouvernement ne pourra pas durer indéfiniment… Je ne m'attends pas à ce que l'Union soit dissoute. Je ne m'attends pas à ce que la maison s'écroule. Mais je m'attends à ce qu'elle cesse d'être divisée. Qu'elle devienne soit l'un, soit l'autre. Tout entier[2]. »

Par ces mots restés célèbres, le futur président prédit un avenir incertain. S'il entrevoit qu'aucun compromis n'est possible, il n'imagine pas la guerre.

Comme beaucoup, il avait tort.

* * *

1861 résonne comme un écho dans l'Amérique actuelle. Personne n'ose entrevoir le désastre. Quelques-uns, tout au plus, le redoutent. Et pourtant, le risque est immense...

La sécession civique peut-elle dégénérer en guerre civile ? La révolte armée peut-elle être évitée ? Ces questions restent en suspens, même après le tour d'horizon révélateur entrepris dans ce livre.

Comme en 1861, l'essentialisation de l'identité politique consume l'Amérique. On cherche la confrontation. Personne ne veut céder. Le Congrès, paralysé par les extrêmes, s'enlise dans une inconséquence funeste. Terrorisée des deux côtés, la démocratie, cette forteresse assiégée, se lézarde sous les coups de boutoir. Qu'elle soit réelle ou imaginaire, la menace plane. La folie partisane a eu raison de la modération. Il faut en découdre. Personne ne sait vraiment pourquoi.

L'Amérique semble à bout de souffle. À bout de nerfs. Elle n'a plus la force de chercher le compromis, encore moins le consensus.

Si les similitudes sont frappantes avec le funeste conflit du XIXe siècle, les situations diffèrent aussi. La rupture actuelle ne se matérialise pas en une frontière géographique, elle traverse les États, divise les communautés, oppose les familles. C'est à la fois moins dangereux et plus risqué.

La plus ancienne démocratie a mal vieilli. Voilà l'une des causes du mal. Elle est démodée. Inadaptée. Elle confond la plèbe et le *demos*. Elle les mélange. Le peuple n'est pas la foule. La démocratie n'est pas l'ochlocratie, cette dictature de la masse, des mœurs et des maux.

Face aux défis, les solutions ne viennent pas aisément.

L'Amérique a un besoin vital, urgent, de se régénérer. Elle doit livrer un nouveau contrat national. Retisser le lien social. Rebâtir sa classe moyenne, brutalisée par des décennies de libéralisme économique. Elle doit réduire ses inégalités. Quel sens donner à la démocratie dans un pays où les salaires réels n'ont augmenté en moyenne que de 1 % en cinquante ans[3] ? Quel sens donner à la démocratie dans un pays où la moitié de la population se partage 2,5 % de la richesse nationale ? Où les Noirs gagnent en moyenne 23 % de moins que les Blancs[4] ?

L'Amérique ne peut survivre sans se réformer. Elle doit se libérer de ses anachronismes politiques. Sa Constitution est dépassée : le vote indirect, le collège électoral, la fausse représentativité du Sénat*. Autant d'inepties qui ankylosent le processus démocratique et

* Le président des États-Unis est élu au suffrage universel indirect. Les voix d'un électeur d'un État peu peuplé comme le Wyoming comptent plus que celles d'un État densément peuplé, comme la Californie. Dans 48 États sur 50, le candidat à l'élection présidentielle qui gagne une majorité des voix dans un État y remporte la totalité des grands électeurs.

délégitimisent la loi. Elle doit enraciner le fait majoritaire : un électeur, une voix ! Et ce, quels que soient sa couleur de peau, sa religion, sa classe sociale ou l'État dans lequel il réside. Elle doit sacraliser une confiance raisonnable dans le compromis.

L'Amérique doit se rassembler. Autour d'un projet. D'une idée. Comme le New Deal de Roosevelt ou la Nouvelle Frontière de Kennedy. Retrouver foi dans l'humanisme. Et l'universalisme. Elle doit reprendre le grand récit sur lequel s'est filée la narration nationale. Valoriser l'*unum*. Euphémiser le *pluribus*. Glorifier une nation ouverte et assimilatrice.

Sinon, elle court bel et bien le risque de voir éclater une nouvelle guerre de Sécession.

Postface

En traversant l'État de Géorgie à l'été 2024, mes filles Vivienne et Margaux découvrent avec surprise le nombre de drapeaux américains qui pavoisent les frontons des maisons. « En France, on n'en voit pas autant », remarque la première. « Ça veut dire qu'on est moins patriote ? » demande la seconde.

Pour ces Franco-Américaines, la comparaison est permanente. La France se juge à l'aune de l'expérience américaine. Nourries des deux cultures, elles savent combien les États-Unis impriment leur marque sur les autres pays. France y comprise.

Comme tout parent, la radicalisation de cette nation m'inquiète. Parce que l'Amérique fait émerger les tendances qui façonnent le contour des démocraties occidentales. Parce qu'elle tend un miroir dans lequel se reflète l'avenir politique des autres nations. Le risque est grand qu'une polarisation similaire contamine la France. Elle a déjà commencé.

De l'expérience américaine, il faut tirer les leçons. Favorisons l'émergence d'une culture du compromis.

Atténuons nos différences. Revitalisons l'exceptionnalisme de la France. Construisons un modèle de société généreux et inclusif. Et faisons en sorte que notre nation reste, comme l'écrivait Ernest Renan, « un rêve d'avenir partagé ».

Notes

Introduction

1. Belinda Luscombe, « “It makes me sick with grief” : Trump’s presidency divided families. What happens to them now? », *Time*, 21 janvier 2021.

2. Roger Draper, « Departing House members ask : “Why am I here?” », *The New York Times*, 30 mai 2024.

3. Taylor Giorno, « “Midterm spending spree” : Cost of 2022 federal elections tops $8.9 billion, a new midterm record », open-secrets.org, 7 février 2023.

4. Discours de Richard Nixon devant les membres du Commonwealth Club de Californie, 1959, cité par David Frum, « How the American Two-Party System Became so Divided », *The Atlantic*, 8 avril 2018.

Chapitre 1
Un drapeau en lambeaux

1. Amy Dickinson, « Neighbors fret about divisive flag », *Detroit Free Press*, 7 février 2020.

2. Jan Wondra, « One family's gesture leads to what some see as flag misappropriation », *Ark Valley Voice*, 31 juillet 2021.

3. « Flag fight : Delaware homeowner at odds with HOA over American flag display », Action News, 4 octobre 2020.

4. Katie Balevic, « A North Carolina developer is selling parcels of land to "patriots" and will require them to fly the American flag », Business Insider, 8 juillet 2023.

5. Mia Nelson, « Bedford County family pulls son out of school after controversy over large American flags on his truck », ABC 13 News, 21 août 2023.

6. Robert Fabich, « Our flag has been co-opted into a tool to divide the nation. I want to protect it. », *The Oklahoman.*

7. Mary Chao, « On Flag Day, Old Glory should be a sign of unity, not a political football », northjersey.com.

8. Sarah Maslin Nir, « A Fourth of July symbol of unity that may no longer unite », *The New York Times*, 3 juillet 2021.

9. Jean Guerrero, « Column : I'm officially reclaiming the U.S. flag from the fascists », *Los Angeles Times*, 4 juillet 2022.

10. « Letters to the Editor : The American flag belongs to liberals too. Don't cede it to the MAGA crowd », *Los Angeles Times*, 5 juillet 2022.

11. Ken Bensinger, « Upside-down flags become symbol for Republicans protesting Trump verdict », *The New York Times*, 31 mai 2024.

12. Carl Hulse et John Holusha, « Amendment on flag burning fails by one vote in Senate », *The New York Times*, 27 juin 2006.

13. Macy Gray, « For Juneteenth, America needs a new flag that all of us can honor », *Market Watch*, 17 juin 2021.

14. « Redesigning America's Flag : Six new takes on Old Glory », *The New York Times*, 29 septembre 2021.

Chapitre 2
Un divorce national

1. Conversation avec l'auteur, le 25 juillet 2023.

2. « My father ruined Thanksgiving dinner ! », adventisttoday.org, 6 décembre 2019.

3. Jeremy Frimer et Linda Skitka, « Are politically diverse Thanksgiving dinners shorter than politically uniform ones ? », PLoS ONE, Vol. 15, No. 10, 2020.

4. William A. Galston, « The Polarization Paradox : Elected officials and voters have shifted in opposite directions », Brookings, 20 janvier 2023.

5. Lydia Saad, « Democrats' identification as Liberal now 54%, a new high », Gallup, 12 janvier 2023.

6. Conversation de Robert Kennedy avec Godfrey Hodgson en 1963, citée dans *More Equal Than Others, America from Nixon to the New Century* de Godfrey Hodgson, Princeton University Press, 2004.

7. « Rising partisan antipathy ; widening party gap in presidential job approval », Pew Research Center, 3 août 2022.

8. « As partisan hostility grows, signs of frustration with the two-party system », Pew Research Center, 9 août 2022.

9. « Political polarization in the American public », Pew Research Center, 12 juin 2014.

10. Ian Prasad Philbrick et Lyna Bentahar, « Donald Trump's 2024 Campaign, in his own menacing words », *The New York Times*, 5 décembre 2023.

11. Jeremy A. Frimer, Linda J. Skitka et Matt Motyl, « Liberals and conservatives are similarly motivated to avoid exposure to one another's opinions », *Journal of Experimental Social Psychology*, 1er décembre 2017.

12. Conversation avec l'auteur, le 25 avril 2023.

Chapitre 3
La tribalisation politique

1. Bill Carter, « TiVo data show viewing habits of Republicans and Democrats », *The New York Times*, 12 octobre 2012.

2. James Hibberd, « Study : Dems watch more TV, Republicans more sports », *The Hollywood Reporter*, 30 novembre 2010.

3. Bill Carter, « Republicans Like Golf, Democrats Prefer Cartoons, TV Research Suggests », *New York Times*, 11 octobre 2012.

4. *Ibid.*

5. Selon une étude menée par William Feltus, un analyste des comportements, et publiée par sa société National Media : Thomas B. Edsall, « Let the nanotargeting begin », *The New York Times*, 15 avril 2012.

6. « New study reveals that Democrats And Republicans disagree on the brands they love most », buyologyinc.com, 13 juin 2012.

7. Ariel Knoebel, « Ben & Jerry's and the business of brands getting political », *Forbes*, 5 novembre 2018.

8. Tweet de Dave Wasserman, le 8 décembre 2020 : https://twitter.com/Redistrict/status/1336342894630858755

9. John Holman et Julie Creswell, « Brands embracing pride month confront a volatile political climate », *The New York Times*, 25 mai 2023.

10. Anshul Seth, « Notes on : Prius or Pickup ? How the answers to four simple questions explain America's Great Divide », *Medium*, 16 septembre 2019.

11. Patrick Doyle, « Favorite beers of Republicans and Democrats », *City Life*, 1er octobre 2012.

Joshua Green, « What Democrats and Republicans drink on Mardi Gras », Bloomberg, 5 mars 2019.

12. Shannon Thaler, « Bud Light parent Anheuser-Busch's stock has lost $27B over Dylan Mulvaney », *New York Post*, 2 juin 2023.

13. Fatma Khaled, « Former Anheuser-Busch executive reacts to Bud Light controversy », *Newsweek*, 23 avril 2023.

14. Bradley Jones, « Big houses, small houses : Partisans continue to want different things in a community », Pew Research Center, 18 février 2020.

15. Dave Troy, « The real Republican adversary ? Population density », davetroy.com, 19 novembre 2012.

16. Richard Florida et Sara Johnson, « What Republicans are really up against : Population density », Bloomberg, 26 novembre 2012.

17. Conversation avec l'auteur, le 25 avril 2023.

18. Shanto Iyengar, Gaurav Sood et Yphtach Lelkes, « Affect, not ideology : A social identity perspective on polarization », *Public Opinion Quarterly*, Vol. 76, No. 3, 17 septembre 2012.

19. Gabriel Almond et Sydney Verba, « Civic Culture Study, 1959-1960 », Inter-university Consortium for Political and Social Research, 16 février 1992.

20. « Cross-Tabs for October 2022 Times/Siena Poll of Registered Voters », *The New York Times*, 18 octobre 2022.

21. Suzanne Bates, « Would you walk down the aisle with someone who doesn't share your politics ? », Deseret News, 24 janvier 2023.

22. « Dating.com Reveals Sharing Your Political Party Might Be a Dating Deal-Breaker », PR Newswire, 10 juin 2020.

23. Gregory A. Hiber et Neil Malhotra, « Political Homophily in Social Relationships : Evidence from Online Dating Behavior », *The Journal of Politics*, Vol. 79, No. 1, janvier 2017.

24. Shanto Iyengar et Sean Westwood, « Fear and loathing across party lines : New evidence on group polarisation »,

American Journal of Political Science, Vol. 59, No. 3, juillet 2015, p. 690-707.

25. Lilliana Mason, *Uncivil Agreement : How Politics Became Our Identity*, The University of Chicago Press, 2018.

26. « Fear and loathing across party lines… », art. cit., p. 38.

27. Douglas J. Ahler, Gaurav Sood, « The parties in our heads : Misperceptions about party composition and their consequences », *The Journal of Politics*, Vol. 80, No. 3, juillet 2018.

Chapitre 4
Le grand regroupement

1. Daryl Fairweather, « Redfin predicts a more balanced housing market in 2022 », *Redfin News*, 18 novembre 2021.

2. Lily Katz, « 1 in 7 recent movers refuse to live in a place where abortion is fully legal : Redfin Survey », *Redfin News*, 18 octobre 2021.

3. « Axios-Ipsos two Americas poll – March 2023 », Ipsos.

4. *Ibid.*

5. Alcynna Lloyd, « People are leaving Texas over rising costs, partisan politics, and a sense of disenchantment », Business Insider.

6. Conversation avec l'auteur, le 25 avril 2023.

7. Conversation avec l'auteur, le 16 septembre 2023.

8. Dana Anderson, « One-third of real estate agents worked with clients who relocated due to local laws or politics in 2023 : Redfin Survey », *Redfin News*, 6 février 2024.

9. Conversation avec l'auteur le 25 septembre 2023.

10. Anagha Srikanth, « More than 7 million Americans moved last year. Here's where they went », *Changing American*, 30 novembre 2020.

11. Conversation avec l'auteur, le 11 mai 2023.

12. « Axios-Ipsos two Americas poll – August 2022 », Ipsos.

13. James G. Gimpel et Iris Hui, « Seeking politically compatible neighbors ? The role of neighborhood partisan composition in residential sorting », *Political Geography*, Vol. 48, février 2015, p. 130-142.

14. *Ibid.*

15. Conversation avec l'auteur, le 24 avril 2023.

16. Xi Liu, Clio Andris et Bruce A. Desmarais, « Migration and political polarization in the U.S. : An analysis of the county-level migration network », *Plos One*, 22 novembre 2019.

17. Corey Lang et Shanna Pearson-Merkowitz, « Partisan sorting in the United States, 1972-2012 : New evidence from a dynamic analysis », *Political Geography*, Vol. 48, septembre 2015, p. 119-129.

18. Jaya Mantovani, « How internal migration is reshaping the political landscape of the United States : An empirical study », mai 2019.

19. Conversation avec l'auteur, le 30 octobre 2023.

20. Nick Rosenberger, « Idaho population could hit 2 million any day now, passing Nebraska. Thanks, California ! », *Idaho Statesman*, 18 janvier 2024.

21. « "Join us in California" : Newsom targets GOP in Florida ad », Associated Press News, 4 juillet 2022.

Chapitre 5
La ségrégation partisane

1. Gus Wezerek, Ryan D. Enos et Jacob Brown, « Do you live in a political bubble ? », *The New York Times*, 30 avril 2021.

2. Bill Bishop, « For most Americans, the local presidential vote was a landslide », *The Daily Yonder*, 17 décembre 2020.

3. Drew Desilver, « Electorally competitive counties have grown scarcer in recent decades », Pew Research Center, 30 juin 2016.

4. Rhodes Cook, « The “Big Sort” continues, with Trump as a driving force », The Center for Politics at the University of Virginia, 17 février 2022.

5. Bill Bishop, *The Big Sort : Why the Clustering of Like-Minded American is Tearing Us Apart*, Mariner Books, 2009.

6. David Wasserman, « Purple America has all but disappeared », *Five Thirty Eight*, 8 mars 2017.

7. Domenico Montanaro et Connie Hanzhang Jin, « How Biden won : Ramping up the base and expanding margins in the suburbs », NPR, 18 novembre 2020.

8. Jacob R. Brown et Ryan D. Enos, « The measurement of partisan sorting for 180 million voters », *Nature Human Behaviour*, Vol. 5, août 2021, p. 998-1008.

9. Christina Pazzanese, « Democrats and Republicans do live in different worlds », *The Harvard Gazette*, 16 mars 2021.

10. Cass R. Sunstein, « The Law of Group Polarization », Law and Economics Working Paper, No. 91, 1999.

11. Cass R. Sunstein, *Going to Extremes : How Like Minds Unite and Divide*, Oxford University Press, 2009.

Chapitre 6
États-(dés)Unis d'Amérique

1. Cary Aspinwall, « Two Strikes and You're in Prison Forever », The Marshall Project, 11 novembre 2021.

2. Allison Quinn, « Florida Schools Will Teach How Slavery Brought “Personal Benefit” to Black People », *The Daily Beast*, 20 juillet 2023.

3. Jessica Chasmar, « Los Angeles public schools training teachers that "merit", "individualism" rooted in "whiteness" », Fox News, 5 juillet 2005.

4. Allison Quinn, « Florida Schools Will Teach How Slavery Brought "Personal Benefit" to Black People », art. cité.

5. Lindsey Holden, « California lawmakers finally tackle reparations. Will $68 billion budget deficit get in the way ? », *The Sacramento Bee*, 27 décembre 2023.

6. Jake Stofan, « Florida lawmakers pitch Constitutional amendment to ban slavery reparations », *Action News Jax*, 29 novembre 2023.

7. Colleen Shalby, « Controversial sex education framework for California approved despite protest », *Los Angeles Times*, 10 mai 2019.

8. Amanda Geduld, « Florida now leads the country in book bans, new PEN report says. How did that happen ? », *Miami Herald*, 22 septembre 2023.

9. Andrew Sheeler, « Gavin Newsom signs bill blocking California school boards from banning inclusive books », *The Sacramento Bee*, 26 septembre 2023.

10. Chris Kirkham, « California's high housing costs drive out poor, middle-income workers », *The Los Angeles Times*, 1er janvier 2015.

11. Michael Saltsman, « The real Calexit : Californians leaving for lower-cost locales », *The Orange County Register*, 28 avril 2017.

12. Mark Baldassare, Dean Bonner, Rachel Lawler et Deja Thomas, « California voter and party profiles », Public Policy Institute of California, août 2023.

13. Brian Lopez, « Public schools would have to display Ten Commandments under bill passed by Texas Senate », *The Texas Tribune*, 20 avril 2023.

14. Sami Edge, « Oregon again says students don't need to prove mastery of reading, writing or math to graduate, citing harm to students of color », *Oregon Live*, 19 octobre 2023.

15. Rebecca Boone, « Idaho to ban gender-affirming care for transgender youth », Associated Press, 5 avril 2023.

16. Nathaniel Rakich, « How urban or rural is your State ? And what does that mean for the 2020 election ? », *Five Thirsty Eight*, 14 avril 2020.

17. « Religious landascape study », Pew Research Center : https://www.pewresearch.org/religious-landscape-study/database/

18. « Which States are the most educated ? », USA FACTS, 14 mai 2023.

19. Annette Choi et Dakin Andone, « Executions in the US are in decline – but some jurisdictions lead the rest », CNN, 6 octobre 2023.

20. D'après le Death Penalty Information Center : https://deathpenaltyinfo.org/states-landing

21. Deborah Azrael, Lisa Hepburn, David Hemenway et Matthew Miller, « The stock and flow of U.S. firearms : Results from the 2015 National Firearms Survey », *The Russell Sage Foundation Journal of the Social Sciences*, Vol. 3, No. 5, octobre 2017, p. 38-57.

22. Lisa Dunn, « How many people in the U.S. own guns ? », WAMU 88.5, 18 septembre 2020.

23. « Gun ownership in America : 1973 to 2021 », Violence Policy Center, novembre 2022.

24. « The stock and flow of U.S. firearms : Results from the 2015 National Firearms Survey », art. cité.

25. Katherine Schaeffer, « Key facts about Americans and guns », Pew Research Center, 13 septembre 2023.

26. Mark Joslyn et Donald P. Haider-Markel, « Gun ownership used to be bipartisan. Not anymore. », *The Washington Post*, 9 mai 2017.

Chapitre 7
La tentation sécessionniste

1. James Bickerton, « Exclusive : How Texas would vote if independence referendum held today », *Newsweek*, 7 février 2024.

2. Jay Root, « On tape, Perry quipped Texans are "Thinking about" secession », *The Texas Tribune*, 10 août 2011.

3. Victor Nava, « Nikki Haley claims Texas has the right to secede from US : "That's their decision to make" », *New York Post*, 31 janvier 2024.

4. James Bickerton, « Texas Republicans vote on call for independence referendum », *Newsweek*, 27 mai 2024.

5. Jim Small, « Almost 1 in 4 AZ Republicans wants to secede from the U.S. », *AZ Mirror*, 19 février 2024.

6. Nathan Newman, « The case for Blue-State secession », *The Nation*, 10 février 2021.

7. John Adams, *The Adams Papers, Diary and Autobiography of John Adams, vol. 2, 1771-1781*, éd. L. H. Butterfield, Harvard University Press, 1961, p. 105-108

8. Edmund S. Morgan, *The Birth of a Republic, 1763-1789.* University of Chicago Press, 1956, p.6.

9. Lettre de Benjamin Franklin à James Parker, le 20 mars 1751 cité dans *The Works of Benjamin Franklin*, vol. II, *Letters and Misc. Writings 1735-1753*, éd. John Bigelow, Putnam's Sons, 1904.

10. « The Interest of Great Britain », pamphlet de Benjamin Franklin, 1760, in *The Papers of Benjamin Franklin*, vol. 9, *January 1, 1760, through December 31, 1761*, éd. Leonard W. Labaree, Yale University Press, 1966, p. 47-100.

11. Lettre de George Washington à John Jay, 15 août 1786, citée dans *The Papers of George Washington, Confederation Series*, Vol. 4, *2 April 1786-31 January 1787*, éd. W. W. Abbot, University Press of Virginia, 1995, p. 212-213.

12. Discours de John Rutledge prononcé devant la Chambre des représentants le 22 août 1787.

13. Lettre de Henry Lee à James Madison, le 3 avril 1790, dans *The Papers of James Madison*, vol. 13, *20 January 1790-31 March 1791*, éd. Charles F. Hobson et Robert A. Rutland, University Press of Virginia, 1981, pp. 136-138.

14. Lettre de John Adams à Abigail Adams, le 26 avril 1796.

15. Lettre de Thomas Jefferson à James Madison le 23 août 1799, *The Papers of Thomas Jefferson*, vol. 31, *1 February 1799-31 May 1800*, éd. Barbara B. Oberg, Princeton University Press, 2004, p. 172-174.

16. *The Connecticut Courant*, 21 novembre 1796.

17. *Writings of John Quincy Adams, Vol. II*, éd. Worthington C. Ford, Macmillan, 1913, p. 525-26.

18. Lettre de Timothy Pickering à George Cabot, le 29 janvier 1804, cité par Han Liu dans « Three arguments of "The right to secession in the Civil War" », Hastings International and Comparative Law, 2018, Rev 53, p. 63.

19. *Ibid.*

20. Lettre de Timothy Pickering à Edward Pennington, le 12 juillet 1812.

21. *The Columbian Centinel*, 26 mai 1813.

22. Lettre de Thomas Jefferson à W. Crawford, le 20 juin 1816, in *Writings of Thomas Jefferson, vol. 15*, éd. Albert Ellery Bergh, 1905.

23. Horace Greeley, *New York Tribune*, 9 novembre 1860.

24. Discours prononcé le 30 avril 1839, par John Quincy Adams et publié par Samuel Colman dans *The Jubilee of the Constitution*, 1839, p. 68-69.

25. E. D. Townsend, *Anecdotes of the Civil War in the United States*, Appleton & Company, 1884, Appendix A, p. 249-253.

26. Abraham Lincoln, Message annuel au Congrès, 1er décembre 1862.

27. Henry Adams, *The Education of Henry Adams*, Houghton Mifflin Co, 1918, p. 99.

28. Décision de la Cour suprême, « Texas vs White » rendue le 12 avril 1869.

Chapitre 8
La désunion graduelle

1. Frank E. Lockwood, « State's conference lets 62 more leave United Methodists », *Arkansas Democrat Gazette*, 16 octobre 2023.
2. Naheed Rajwani-Dharsi, « Inside the Methodist Church divide in Texas », *Axios Dallas*, 12 septembre 2023.
3. Lovett H. Weems Jr., « Twenty-five percent of churches disaffiliated from the United Methodist Church », Lewis Center for Church Leadership, 16 janvier 2024.
4. Kate Shellnutt et Daniel Silliman, « United Methodists down 7,659 churches as exit window ends », *Christianity Today*, 18 décembre 2023.
5. Lovett H. Weems Jr., « Lewis Center Report on disaffiliating churches through 2022 : Similarities and differences compared to other United Methodist Churches », Lewis Center for Church Leadership, 28 février 2023.
6. Joshua Zeitz, « Why you should be worried about the split in the Methodist Church », *Politico*, 9 décembre 2022.
7. *Ibid.*
8. Richard Hollerman, « Methodist Church history and background is very revealing », truediscipleship.com.
9. Michael J. Lee, « Secession is here already. What can we do about it ? », *Pennsylvania Capital-Star*, 21 mars 2023.
10. « Fractured : The accelerating breakdown of America's school districts », edbuild.org, 2019.
11. Adam Harris, « The New Secession », *The Atlantic*, 20 mai 2019.
12. « Louisiana Supreme Court rules for new City of St. George », Associated Press, 30 avril 2024.

13. Dana Rubinstein, « Staten Island, Trump's New York redoubt, talks secession », *Politico*, 17 décembre 2019.

14. Jeff Amy, « Georgia senators reject Buckhead efforts to leave Atlanta », Associated Press, 3 mars 2023.

15. Anabel Sosa, « New California law takes a step toward single-payer healthcare », *Los Angeles Times*, 8 octobre 2023.

16. Assembly Bill No. 1400, Guaranteed Health Care for All, législature de Californie : https://leginfo.legislature.ca.gov/faces/billTextClient.xhtml?bill_id=202120220AB1400

17. Sara Kimberlin, « California and federal dollars : A Two-way street », California Budget & Policy Center, juillet 2017.

18. Michael S. Sparer, « States as policy laboratories : The politics of State-based single-payer proposals », National Library of Medecine, novembre 2019.

19. Adam Beam, « Trump administration rejects California's health care tax », Associated Press, 1er février 2020.

20. Arthur Meier Schlesinger, *The Disuniting of America: Reflections on a Multicultural Society*, Norton and Company, 1992, p. 21.

Chapitre 9
Les séparatismes locaux

1. Conversation avec l'auteur, le 27 septembre 2023.

2. À cette date, 21 des 36 comtés, n'ont pas organisé de référendum.

3. Conversation avec l'auteur, le 8 octobre 2023.

4. Rozalyn Mock, « Secession is not the solution for rural Oregon », *Oregon Capital Chronicle*, 15 mai 2023.

5. « Office of Rural Policy felled by State budget ax », *Oregon Business*, 2008.

6. Fedor Zarkhin et Mark Friesen, « Oregon fentanyl deaths : the “staggering” statistic for how we compare nationally », *The Oregonian*, 19 février 2024.

7. Keith Humphreys and Rob Bovett, « Why Oregon’s drug decriminalization failed », *The Atlantic*, 17 mars 2024.

8. Conversation avec l’auteur, le 30 octobre 2023.

9. Johnathan Jones, « “Let our people go” : Rural Oregon residents petition to secede and join Trump-backing Idaho », *The Western Journal*, 21 juillet 2020.

10. Kirk Johnson, Julie Turkewitz et Richard Pérez-Peña, « F.B.I. releases video showing death of Oregon refuge occupier », *The New York Times*, 28 janvier 2016.

11. Liz Weber, « These Illinois Republicans are rallying around a bill to kick deep-blue Chicago out of the State », *The Washington Post*, 20 mai 2019.

12. Michael Levenson, « Bye, Maryland ? Lawmakers in 3 counties float a plan to secede from the State », *The New York Times*, 22 octobre 2021.

13. Dan Boyd, « Counties could secede from State under lawmaker’s long-shot proposal », *Albuquerque Journal*, 1er février 2021.

14. Mark Muro, Eli Byerly-Duke, Yang You et Robert Maxim, « Biden-voting counties equal 70 % of America’s economy. What does this mean for the nation’s political-economic divide ? », Brookings, 10 novembre 2020.

15. Jed Kolko, « Election showed a wider red-blue economic divide », *The New York Times*, 11 novembre 2020.

16. Gloria Guzman, Kirby G. Posey, Alemayehu Bishaw et Craig Benson, « Poverty rates higher, median household income lower in rural counties than in urban areas », United-States Census Bureau, 6 décembre 2018.

17. Conversation avec l’auteur, le 10 octobre 2023.

Chapitre 10
La rébellion antifédérale

1. Conversation avec l'auteur, le 3 décembre 2023.

2. Megan Cassidy et Laura Gómez, « Tent City, infamous home of inmates who wear pink underwear and major piece of Arpaio's legacy, is closing », azcentral.com, 4 avril 2017.

3. Conversation avec l'auteur, le 7 décembre 2023.

4. Tj L'heureux, Adrienne Washington, Albert Serna Jr., Anisa Shabir, Isaac Stone Simonelli, The Howard Center For Investigative Journalism And Arizona Center For Investigative Reporting, « A right-wing sheriffs group that challenges federal law is gaining acceptance around the country », The Associated Press, 21 août 2023.

5. Julia Harte et R. Jeffrey Smith, « The army to set our nation free », The Center for Public Integrity, 18 avril 2016.

6. Richard Mack, *The County Sheriff : America's Last Hope*, autopublication, autoédité, 2009, p. 28.

7. « A right-wing sheriffs group that challenges federal law is gaining acceptance around the country », art. cit. p. 102.

8. Zoe Nemerever, « Why "constitutionalist sheriffs" won't enforce coronavirus restrictions », *The Washington Post*, 23 avril 2020.

9. Projet « In The Sheriff We Trust », Howard Center for Investigative Journalism, en collaboration avec l'Arizona Center for Investigative Reporting, 2023.

10. Maurice Chammah, « Does your sheriff think he's more powerful than the President ? », The Marshall Project, 18 octobre 2022.

11. Conversation avec l'auteur, le 11 décembre 2023.

12. Site de la Maison-Blanche : https://www.whitehouse.gov/omb/budget/historical-tables/

13. Joshua Fechter, « U.S. Department of Justice says it'll sue if Texas enforces new law punishing illegal border crossing », *The Texas Tribune*, 28 décembre 2023.

14. Zoë Richards, « Dozens of elected prosecutors say they will refuse to prosecute abortion care », NBC News, 25 juin 2022.

15. « Multistate lawsuits against the federal government during the Biden administration », Ballotpedia.

16. Jason Hancock, « U.S. Supreme Court temporarily blocks order in Missouri social media lawsuit », *Missouri Independent*, 20 octobre 2023.

17. « Multistate lawsuits against the federal government during the Trump administration », Ballotpedia.

18. D'après la Sate Litigation and AG Activity Database : https://attorneysgeneral.org/multistate-lawsuits-vs-the-federal-government/list-of-lawsuits-1980-present/

Chapitre 11
Les nouveaux marxistes

1. « Palsgaard v. Christian », glossaire consultable sur le site The Fire : https://www.thefire.org/research-learn/palsgaard-v-christian-diea-glossary-terms

2. « California community colleges go off the rails with DEI », whyevolutionistrue.com, 26 juillet 2023.

3. « Palsgaard v. Christian », *op. cit.* Cf. Teresa J. Guess, *The Social Construction of Whiteness : Racism by Intent, Racism by Consequence*, University of Missouri, 2006.

4. Conor Friedersdorf, « A uniquely terrible new DEI policy », *The Atlantic*, 13 octobre 2023.

5. « California community colleges go off the rails with DEI », art. cité.

6. « Palsgaard v. Christian », plainte consultable sur le site The Fire : https://www.thefire.org/research-learn/palsgaard-v-christian-verified-complaint

7. Leroy D. Clark, « A critique of professor Derrick A. Bell's thesis of the permanence of racism and his strategy of confrontation », *Denver Law Review*, janvier 1995.

8. Ekow N. Yankah, « Can my children be friends with White people ? », *The New York Times*, 11 novembre 2017.

9. Zach Goldberg, « How the media led the great racial awakening », *Tablet*, 5 août 2020.

10. Christopher Eberhart, « Anti-racist author DOUBLES speaking fees as America goes woke : "White fragility" writer Robin DiAngelo charges an average of $14,000 per speech and makes "$728K a year" », Daily Mail Online, 2 juillet 2021.

11. Larry Cohen, « What the progressive wing of the Democratic Party has planned next », *In These Times*, 26 janvier 2023.

12. Matthew Yglesias, « The Great Awokening », *Vox*, 1er avril 2019.

13. Zachary Goldberg, « Explaining shifts in white racial liberalism : The role of collective moral emotions and media effects », Thèse, Georgia State University, 2022.

14. Tweet de Karlyn Borysenko, le 19 février 2021 : https://x.com/DrKarlynB/status/1362774562769879044

15. Lis Power, « Fox News' obsession with critical race theory, by the numbers », Media Matters For America, 5 juin 2021.

16. Jeff Green et Kelsey Butler, « "Woke Capitalism" backlash disrupts US corporate hiring efforts », *Bloomberg Law*, 22 novembre 2023.

17. « Vermont's race-based vaccine policy raises legal questions », *The Economist*, 11 avril 2021.

18. Nathalie Colarossi, « Vermont under fire for distributing COVID vaccine based on race », *Newsweek*, 2 avril 2021.

19. « Scott decries "racist response" to BIPOC vaccine eligibility », The Associated Press, 6 avril 2021.

20. James W. Lytle, « Litigation challenges prioritization of race or ethnicity in allocating COVID-19 therapies », Bill of Health, Harvard Law School, 28 mars 2022.

21. Clyde Hughes, « White House outlines federal government efforts on equity », UPI, 14 février 2024.

22. Alan Rappeport et Ana Swanson, « Biden Administration ramps up debt relief program to help black farmers », *The New York Times*, 25 mars 2021.

23. Scott McFetridge, « Black farmers sue government for promised federal aid », *PBS News*, 6 décembre 2022.

24. Daniel Villarreal, « Nevada Family Alliance wants teachers to wear body cameras to keep Critical Race Theory out of schools », *Newsweek*, 10 juin 2021.

25. Shawn Nottingham, Carlos Suarez and Nicquel Terry Ellis, « University of Florida eliminates DEI office to comply with state regulations », CNN, 1er mars 2024.

26. « DEI Legislation Tracker », The Chronicle of Higher Education.

27. Olivia B. Waxman, « Exclusive : New data shows the anti-Critical Race Theory Movement is "far from over" », *Time*, 6 avril 2023.

Chapitre 12
La fin de l'Amérique blanche

1. Kendra Yoshinaga, « Babies of color are now the majority, census says », NPR, 1er juillet 2016.

2. Rogelio Sáenz and Kenneth M. Johnson, « White deaths exceed births in a majority of U.S. States », Applied Population Lab.

3. Sandra L. Colby and Jennifer M. Ortman, « Projections of the size and composition of the U.S. population : 2014 to 2060 », Current Population Reports, mars 2015.

4. Katherine Schaeffer, « U.S. Congress continues to grow in racial, ethnic diversity », Pew Research Center, 9 janvier 2023.

5. Kim Parker, Rich Morin et Juliana Menasce Horowitz, « Looking to the future, public sees an America in decline on many fronts ; 3. Views of demographic changes », Pew Research Center, 21 mars 2019.

Chapitre 13
« I am going to kill you »

1. Ned Parker et Peter Eisler, « Political violence in polarized U.S. at its worst since 1970s », Reuters, 9 août 2023.

2. Sarah D. Wire, « Threats against members of Congress are skyrocketing. It's changing the job », *Los Angeles Times*, 20 septembre 2021.

3. Orlando Mayorquin, « Man who threatened hobbs in Arizona governor's race gets prison time », *The New York Times*, 25 mars 2024.

4. Rob Kuznia, Majlie de Puy Kamp, Alex Leeds Matthews, Kyung Lah, Anna-Maja Rappard et Yahya Abou-Ghazala, « A deluge of violent messages : How a surge in threats to public officials could disrupt American democracy », CNN, 7 décembre 2023.

5. Manu Raju, Annie Grayer, Kristin Wilson et Melanie Hicken, « Democratic congressman's staff attacked by man with baseball bat », CNN, 16 mai 2023.

6. Lindsay Whitehurst et Sam Metz, « Utah man suspected of threatening Biden shot and killed as FBI served warrant », *PBS News*, 9 août 2023.

7. « New Report : harassment, threats and violence directed at local elected officials rising at an alarming rate », NLC, 10 novembre 2021.

8. Stephanie Lai, Luke Broadwater et Carl Hulse, « Lawmakers confront a rise in threats and intimidation, and fear worse », *The New York Times*, 1er octobre 2022.

9. Chris Marquette, « Capitol Police agents strained to probe increasing threats against lawmakers », *Roll Call*, 21 septembre 2023.

10. Jennifer Calfas, « What to know about suspected Virginia shooter James Hodgkinson », *Time*, 14 juin 2017.

11. Bailey Schulz, « Citing his recent comments, Republicans blame Joe Biden for Donald Trump rally shooting », *USA Today*, 14 juillet 2024.

12. Dr. Robert A. Pape et le Chicago Project On Security And Threats, « Understanding American domestic terrorism mobilization potential and risk factors of a new threat trajectory », présentation à l'université de Chicago, avril 2021.

13. Todd C. Frankel, « A majority of the people arrested for Capitol riot had a history of financial trouble », *The Washington Post*, 10 février 2021.

14. Nathan P. Kalmoe et Lilliana Mason, *Radical American Partisanship : Mapping Violent Hostility, Its Causes, and the Consequences for Democracy*, University of Chicago Press, 2022, p. 109.

15. Rachel Kleinfeld, « The rise of political violence in the United States », *Journal of Democracy*, octobre 2021.

16. Philip Elliott, « Startling new poll finds political violence gaining a mainstream foothold », *Time*, 25 octobre 2023.

17. Neil Vigdor, « Survey looks at acceptance of political violence in U.S. », *The New York Times*, 20 juillet 2022.

Conclusion

1. Henry Adams, *The Education of Henry Adams*, *op. cit.*, p. 80.

2. Discours d'Abraham Lincoln à la State Convention du parti républicain le 16 juin 1858 à Spingfield, Illinois, cité dans *Collected Works of Abraham Lincoln*, vol. 2, *Sept. 3, 1848-Aug. 21, 1858*, Rutgers University Press, 1953.

3. Michael R. Strain, « Have wages stagnated for decades in the US ? », American Enterprise Institute, 27 juin 2022.

4. Ana Hernández Kent et Lowell R. Ricketts, « The state of U.S. wealth inequality », Federal Reserve Bank of St. Louis, 3 mai 2024.

Table

Avant-propos 9
Introduction 11

Première partie – L'Amérique déchirée

Chapitre 1 – Un drapeau en lambeaux 23
Chapitre 2 – Un divorce national 41
Chapitre 3 – La tribalisation politique 55
Chapitre 4 – Le grand regroupement 73
Chapitre 5 – La ségrégation partisane 91
Chapitre 6 – États-(dés)Unis d'Amérique 109

Deuxième partie – La nouvelle sécession

Chapitre 7 – La tentation sécessionniste 127
Chapitre 8 – La désunion graduelle 145
Chapitre 9 – Les séparatismes locaux 163
Chapitre 10 – La rébellion antifédérale 177
Chapitre 11 – Les nouveaux marxistes 191
Chapitre 12 – La fin de l'Amérique blanche 207

Chapitre 13 – « I am going to kill you » 217

Conclusion – Vers une guerre civile ? 233

Postface 239

Notes 241

Cet ouvrage a été imprimé en France par
CPI Bussière
Z.I. rue Pelletier Doisy
18200 Saint-Amand-Montrond (France)

pour le compte des Éditions Fayard
13 rue du Montparnasse, 75006 Paris
en août 2024

Photocomposition Belle Page

PAPIER CERTIFIÉ

fayard s'engage pour l'environnement en réduisant l'empreinte carbone de ses livres. Celle de cet exemplaire est de :
600 g éq. CO_2
Rendez-vous sur www.fayard-durable.fr

N° d'édition : 29-3065-5/01 - N° d'impression : 2079039